W0314470

Klaus Berger

Michael Ende

Heilung durch magische Phantasie

Mit einem Vorwort von
Ulrich Skambraks

CLV
Christliche
Literatur-Verbreitung e. V.
Postfach 1803 · 4800 Bielefeld 1

EGFD

Verlag und Schriftenmission der
Evangelischen Gesellschaft
für Deutschland
Wuppertal

2. Auflage 1988
© 1985 Verlag und Schriftenmission
der Evangelischen Gesellschaft für Deutschland,
Kaiserstr. 78, 5600 Wuppertal 11
ISBN 3-87857-203-4

Umschlag: Dieter Otten, Gummersbach
Satz: St.-Johannis-Druckerei C. Schweickhardt, Lahr/Schw.
Druck und Bindung: Druckhaus Gummersbach

Rolf und Christine
in Erinnerung an unsere
gemeinsamen Urlaube in Dänemark.

Inhalt

VORWORT 9

EINLEITUNG 12

I. DAS LEBEN ALS LABYRINTH 15
1. Lebensstationen von Michael Ende 17
2. ›Meine Vorstellung‹ 22
3. Von okkulten Systemen zum Endeschen Weltbild 31
a) Zum Beispiel: Rudolf Steiner – ›Die moralische Phantasie‹ 32
b) Zum Beispiel: Gustav Meyrink 36
c) Zum Beispiel: Okkulte Systeme – Kabbala, Alchimie und Rosenkreuzer 37
4. Bewertung: Wahrheitsfrage und Glaubenshaltung 40

II. ›MOMO‹ 44
1. Momo – eine Erlöserfigur? 44
2. Momo – die Retterin der Lebenszeit 46
3. Der Kampf um die Zeit 51
4. Ende mißverstanden? 57
5. Bewertung: 60
a) Der Tod als Feind des Menschen 60
b) Leben ist mehr als Zeit 64
c) Erlösung durch Endes Phantasie? 66

III. ›DIE UNENDLICHE GESCHICHTE‹ 69
1. Durch Phantasie zu sinnvollem Leben 70
2. Das Buch als Zauberbuch 77
3. Der Leser im magischen Sog 80
4. Magisch-okkulte Figuren 84
5. Bewertung: Erlösung durch magische Maxime? 93

IV. ›DER SPIEGEL IM SPIEGEL‹ 99
1. Perversionen 99
2. Kannibalismus 102
3. Bewertung: Erlösung durch Träume 104

V. MICHAEL ENDE –
IRREFÜHRUNG STATT ERLÖSUNG 107
1. Der Ende-Kult 107
2. Endes Wirklichkeitsverständnis 111
3. Phantastische Magie 122
4. Der einzige Weg zur Erlösung 127

ANMERKUNGEN 130

WEITERFÜHRENDE LITERATUR 135

»Ich meine, daß wir in den letzten dreihundert Jahren etwa, oder sagen wir, seit Beginn der Neuzeit – Galilei, Giordano Bruno und später Newton – ausschließlich unseren Blick auf die Erklärbarkeit der Welt gerichtet haben. Vieles war erklärbar, und vieles war auch notwendig zu erklären. Aber die Fähigkeit der Erklärbarkeit und die Fähigkeit des rein rationalen Denkens hat uns ja gerade in den letzten Jahrzehnten in Teufels Küche gebracht.

Der letzte Gipfel der sich selbständig machenden Rationalität ist die Atombombe. (. . .).

Daraus resultiert für mich einfach, daß wir ein Gegengewicht schaffen müssen, daß es wieder etwas geben muß, was seinem Wesen nach unerklärbar ist. Das ist kein Rätsel, sondern ein Geheimnis, ein Mysterium. Man kann es erfassen, indem man sich selbst innerlich in diesem Mysterium verwandelt. Man muß sozusagen mit Leib und Seele eintauchen in das Mysterium, um auf eine ganz andere Art zu verstehen, nicht auf eine rationale Art.«

Michael Ende, in einem Interview
für Radio Bremen

»Wo sind deine Götter, die du gemacht hast? Laß sie aufstehen, laß sehen, ob sie dir helfen können in deiner Not.«

Jeremia 2, 28

Vorwort

Aufmerksame Beobachter registrierten die Entwicklung schon seit einiger Zeit. Die christlichen unter ihnen mit wachsender Sorge und Unruhe. Michael Ende drückte diesen Prozeß in einem Interview mit der Jugendzeitschrift ›Pack's!‹ so aus: »Nach einer Periode des extremen Intellektualismus und Rationalismus schlägt das Pendel wieder zurück zu den mehr erlebnismäßigen Inhalten, die weniger über den Kopf gehen als eben über die Erlebnismäßigkeit des Menschen.« Was der Autor von ›Momo‹ und ›Die unendliche Geschichte‹ mit erlebnismäßigen Inhalten meint, erklärt er so: eine ›unmittelbar erlebte Metaphysik‹[1]. Metaphysik ist die philosophische Lehre von den letzten Gründen und Zusammenhängen des Seins.

Die Kinder der glitzernden und flimmernden Computer- und Medienwelt sind es, die im Moment radikal nach diesen Gründen und Zusammenhängen des menschlichen Seins forschen. Sie erkennen, daß Microchips und Mattscheibe diese Urquellen verschüttet haben und sehen, durch Bomben und Bäume signalisiert, daß es bald gar nichts mehr zu finden geben wird.

Die fieberhafte Suche nach dem spirituellen Grund ist gekennzeichnet durch die Rückkehr der vier M's: Märchen, Mystik, Magie und Mythos. Die weltweite Renaissance des Imaginären ist gleichzeitig die Rückkehr zum Glauben an übersinnliche Kräfte, an die Energie aus Natur und Kosmos, an vorchristliche Überlieferungen, kurz, es ist die Rückkehr des Heidentums mit all seinen Okkult-Phänomenen.

Dieses Neu-Heidentum hat den modernen Namen: ›New Age‹[2] oder ganz einfach Neues Zeitalter. In den siebziger Jahren noch als Phantastereien von ein paar Ausgeflippten abgetan, ist das ›New-Age‹-Denken mittlerweile zu einer regelrechten Bewegung geworden, die bereits in das Bewußtsein weiter Kreise der westlichen Gesellschaft eingedrungen ist. Namhafte Vertreter aus Wissenschaft, Kunst und moderner Psychologie[3] bekennen sich ganz offen zu diesem ›New-Age‹-Bewußtsein. Sie predigen die Überwindung des individuellen Ichs und empfehlen die Verschmelzung mit dem höheren, kosmischen Selbst.

In Psycho-Clubs mit Namen wie ›Transpersonales Zentrum‹, ›Gesellschaft für funktionelle Psychologie‹, ›Arbeitskreis Reinkarnationstherapie‹, ›Esoterische Gesellschaft‹ oder ganz schlicht ›Freunde der Erde‹ wird der Kontakt mit dem Unfaßlichen versucht. Psychologen und Politiker, Manager und Medienleute, im wesentlichen die Elite der Kopfmenschen ist es, die im Moment Heil bei babylonischen oder germanischen Gottheiten, kosmischen Geistwesen oder ›Energien‹ aus fernöstlichen Religionen sucht.

Noch sind es ›nur‹ 50 000, die, so der Sektenbeauftragte der Evangelischen Kirche, Pfarrer Friedrich-Wilhelm Haack, jährlich in der Bundesrepublik in einem Psycho-Club aktiv werden, doch für den direkten Weg dorthin sind bereits Millionen vorbereitet, geimpft mit einem gefährlichen ›Gift‹, das Langzeitwirkung hat.

Durch Kino, Fernsehen, Bücher, Comics, durch die riesige Maschinerie der Unterhaltungsindustrie werden Menschen weltweit geschickt mit diesem Neu-Heidentum bekannt gemacht und gewieft in den Inhalt eingeführt.

Klaus Berger entlarvt in dem vorliegenden Buch das Räderwerk und den Antrieb dieser Maschinerie am Beispiel der Person und des literarischen Schaffens von Michael Ende.

Ende studierte über dreißig Jahre sogenannte okkulte Systeme dieser Welt und verarbeitete seine Erfahrungen zu Märchen-Romanen. Die Fülle dieses dreißigjährigen Studiums und den literarischen Niederschlag in allen Einzelheiten darzustellen, ist schier unmöglich und will auch nicht Aufgabe dieses Buches sein.

Klaus Bergers Buch wird manchen Leser schockieren, weil es Hintergründe aufzeigt, die bei einem Märchenroman nicht vermutet werden. Dieses Buch ist nicht geschrieben worden, um die erlebnisreichen Stunden mit Endes Büchern im nachhinein zu vermiesen, sondern einzig und allein wegen der Wahrheit, der ganzen Wahrheit, die nur in einem Buch zu finden ist – der Bibel.

Das Buch ›Michael Ende – Heilung durch magische Phantasien‹ will neben den vielen Enthüllungen darum auch ganz herzlich einladen, die einzige ›wahre‹ Wahrheit als absoluten Maßstab für alle Lebensbereiche ernstzunehmen.

Ulrich Skambraks

Einleitung

Wir leben heute in einer Zeit, in der auf vielen Gebieten des Lebens Ordnungen früherer Zeiten und Generationen umgestoßen werden. Reagieren die einen hierauf mit Lobpreisungen der neuen Freiheit, so die anderen mit Hilflosigkeit. Sind den ersteren angeblich jetzt endlich alle Wege der Selbstentfaltung geöffnet, so den anderen diese verstellt, da sie ohne verbindliche Orientierungen keinen Weg für sich finden. Neuen Trends, Ideologien und Weltanschauungen stehen sie deshalb offen und hoffnungsvoll gegenüber. Wie ein Holz auf dem Wasser, liefern sie sich der jeweiligen Strömung gerne aus und lassen sich in der Hoffnung treiben, zu neuen, sinnvolleren Lebensufern zu kommen. Die Selbstbewußten bestimmen dabei die Trends, geben den Strömungen die Stärke und reißen bewußt oder unbewußt viele mit. In dieser allgemeinen Situation sind auch mächtige Bewegungen in der ›Literaturwelt‹ zu beobachten. Märchen und phantastische Geschichten haben jetzt ›Hochkonjunktur‹. Viele Buchverlage richten in ihrem literarischen Programm eine Fantasyreihe ein, in der ältere Titel neu verlegt und neue Geschichten dem Lesepublikum angeboten werden. Besondere Aufmerksamkeit erhält in diesem Zusammenhang der deutsche Kinderbuchautor Michael Ende. Wer bisher weder diesen Namen noch seine Veröffentlichungen kannte, wird spätestens seit der Verfilmung seines Buches ›Die unendliche Geschichte‹ (1983/84) auf ihn aufmerksam geworden sein. Nun wäre all dies mehr oder weniger intensiv zur Kenntnis zu nehmen, wenn es sich hierbei nur um gute Unterhaltung für Kinder handelte. Bei genauer Prüfung stellt sich jedoch heraus, daß der Autor ganz gezielt eine bestimmte Absicht verfolgt: Heilung der sich durch Wissenschaft, Technik und Atomsprengköpfe bedroht fühlenden Menschen durch magische Phantasien. Sicherlich überrascht diese Intention, da sie wohl kaum in einem Kinderbuch zu vermuten wäre – oder vielleicht gerade dort sich am besten verfolgen läßt? Ist gar die ›Unendliche Geschichte‹ kein Kinderbuch mehr, sondern, wie ›Momo‹, ein Kultbuch und Religionsersatz für ängstliche, unsichere, hoffnungslose Menschen?[4]

Sicher hat sich der Autor inzwischen mit seinem Werk ›Der Spiegel im Spiegel‹ aus dem Bereich der Kinderliteratur entfernt und in Erweiterung der ›Unendlichen Geschichte‹ seine Mitteilungen aus der Welt der Dunkelheit um ein Vielfaches verstärkt und für einen erweiterten Leserkreis präzisiert. Doch all dies darf nicht bloße Vermutung bleiben, sondern muß durch genaue Lektürenanalyse bestätigt werden, weil erst eine gründliche Auseinandersetzung mit dem Werk von Ende seine Absicht klar erkennen läßt.

Bei einer Lesung betonte er sehr deutlich, daß er nur das lese und schreibe, was ihn wirklich angehe und betroffen mache. Wenn man dies vor dem Hintergrund der Wirkungen hört, die seine letzten Bücher erreichten und diese wiederum einordnet in den Gesamtzusammenhang der zur Zeit herrschenden Geistes- und Literaturströmung, dann scheint seine Intention: ›Heilung durch magische Phantasien‹ plausibel. Was man dabei unter magischen Phantasien zu verstehen hat, klingt im Leben von Ende schon an, denn Dinge und Gedankensysteme, mit denen er sich beschäftigte und die er in seinem unmittelbaren Lebensbereich gestaltete, geben davon Kunde. Sein intensives Fragen und in der letzten Zeit auch publizistisches Antworten nach dem und auf das, was Wirklichkeit sei und ist, läßt sein Heilungskonzept verständlich werden.

Heilung durch magische Phantasien leuchtet all jenen ein, die der Überzeugung sind, daß Wirklichkeit für den Menschen nicht nur in quantifizierbarem Messen, Wägen und Zählen bestimmt ist. Träume, dunkle Ahnungen und Erfahrungen sprechen sie an, wenn sie Endes Bücher lesen und seine Lesungen besuchen. Dies trifft auf die Erwachsenen zu. Die Kinder lassen sich hier eher unbewußt und unreflektiert mitreißen. ›Eingetaucht mit Leib und Seele‹ erfahren sie ›Heilung‹ unmittelbar, willenlos und damit zunächst ohne persönliche

Zustimmung. Was ist dies für ein Heilungsprozeß, dem man sich aussetzt, wenn man bewußt oder unbewußt sich den Botschaften des Michael Ende hingibt und ihnen folgt? Wird man befreit von seinen Ängsten und Zweifeln, findet man gar einen neuen Sinn für bisher Sinnloses?

Diesen Fragen wollen wir nachgehen. Dabei konfrontieren wir Endes Werk mit seinem Anspruch auf Heilung mit der Aussage der Bibel, die lautet: »In keinem anderen ist das Heil (außer in Jesus Christus von Nazareth, der Verf.), ist auch kein andrer Name unter dem Himmel den Menschen gegeben, darin wir sollen selig werden« (Apg. 4, 12).

Diese Konfrontation ist die einzig sinnvolle, um Endes Botschaft nicht unwidersprochen hinnehmen zu müssen. Die Wissenschaft allein muß hier versagen, da sie sich allzusehr selbst huldigt und, sofern sie nur rational Begründbares akzeptiert, Ende nicht versteht. Die Wirklichkeit ›hinter‹ der Wirklichkeit der naturwissenschaftlich erforschbaren Realität, wo Engel und Dämonen, Gott und Satan erscheinen, ist von Michael Ende in seinen Bücher angesprochen worden. Aus dieser Sphäre kommt seine Intention, seine Botschaft.

Folglich sind Christen, die diese Wirklichkeit nicht verleugnen und ihr Leben als Nachfolge Jesu verstehen, aufgefordert, Endes Heilungskonzept zu überprüfen und ihm aus ihren Erfahrungen mit Gott zu antworten.

Zur besseren Unterscheidung von Endetext und Interpretation sind seine Texte jeweils kursiv gedruckt.

Danken möchte ich Ulrich Skambraks und Lutz und Claudia von Padberg sowie Sigrid Tünnermann für die kritische Durchsicht des Manuskriptes. Dorothea Schnüll gilt mein Dank, da sie nun schon zum wiederholten Male große Teile meiner Bücher – auch des vorliegenden, getippt hat.

Lemgo, im Mai 1985 Klaus Berger

I. Das Leben als Labyrinth

Schon vor dem Eingang des großen Saales in der Osnabrükker Stadthalle sah ich den Autor seine Bücher ›Momo‹, ›Die unendliche Geschichte‹ und ›Der Spiegel im Spiegel‹ signieren. Mit freundlichem Lächeln saß er da, schlug die erste Seite auf, setzte seinen Namenszug und das Datum vom 18. September 1984 darauf. Erwartungsvoll ging ich in den Saal. Es waren noch gut fünfzehn Minuten bis zum Beginn der Lesung, zu der eine Buchhandlung eingeladen hatte. Die Lesung sollte aus dem 1984 erschienenen Buch ›Der Spiegel im Spiegel‹ erfolgen. Auffallend viele Kinder, schätzungsweise 80 % von ihnen im Alter von 10–15 Jahren, kamen in den Saal, gefolgt von ihren Müttern, Geschwistern und Bekannten. Bis zum Beginn war der sicher 700 Personen fassende Saal ganz gefüllt. Der erste Eindruck fand nun vollends seine Bestätigung. Weit mehr als 50 % der Zuhörer waren Kinder und Jugendliche. Nach einer kurzen Begrüßung und Vorstellung durch einen Vertreter der Buchhandlung trat Michael Ende ans Mikrophon. Über Lautsprecher war seine angenehme, den Hörer aufmerksam machende Stimme zu hören. In Anbetracht der vielen Kinder wolle er zunächst ein Kapitel aus der ›Unendlichen Geschichte‹ lesen und diesem dann ein weiteres aus ›Der Spiegel im Spiegel‹ folgen lassen. Geschickt hatte Ende die Situation erfaßt und zur vollen Zufriedenheit seiner Hörer gemeistert.

Nach der Lesung ließ Ende sich Zeit, um auf Fragen der Zuhörer einzugehen. Jetzt, in freier Rede, die spontan Antwort geben mußte auf vorher nicht gekannte Fragen, erschien der Mensch Ende ungeschützter, direkter – nicht gebunden an Gedrucktes, mit dem er, so wie er sagte, eigentlich nichts mehr zu tun habe. So jedenfalls war seine Antwort auf eine Frage, wieweit ihn seine schon geschriebenen Bücher noch beschäftigten. Freigemacht von dem, was ihn bewegte durch das Aufschreiben des Bewegenden, schien ihm mit der Abgabe des Manuskriptes die Verantwortung für das Geschriebene mit abgenommen worden zu sein. Kann man es sich so einfach machen? Trägt man nicht gerade mit der Veröffentlichung seiner Gedanken und Phantasien auch die Verantwortung für diese seinen Lesern gegenüber? Gedanken, Fragen, die mir während der Antwort Endes durch den Kopf schossen.

Zwei unter den vielen Fragen wurden für mich noch bedeutsam. Eine Frau fragte, ob der ›Spiegel im Spiegel‹ nicht auch ein Buch sei, das man wie die ›Unendliche Geschichte‹ Kindern vorlesen könne. Ende stutzte zunächst bei dieser Frage. War doch gerade dieser Titel für ihn der Versuch, die Heilung durch magische Phantasien über ›Die unendliche Geschichte‹ hinauszuführen und gerade ganz bewußt ein erwachsenes, intellektuelles Lesepublikum anzusprechen. Als Antwort berichtete Ende, wie ihn nach einer Lesung eine Frau angesprochen und ihm berichtet habe, daß sie ihrem neunjährigen Mädchen aus seinem Buch ›Der Spiegel im Spiegel‹ vorgelesen habe. Das Mädchen hätte daraufhin bitterlich zu weinen begonnen. ›Es gibt Dinge, vor denen man Kinder noch schützen muß‹, so seine kommentierende Bewertung. Damit erschien schon eine von vielen Wirkungen, die Ende mit seinem Werk hervorgebracht hatte, an diesem Abend unmittelbar aus dem Mund des Autors. Dies zeigte seine Offenheit, aber auch seine Unbekümmertheit bezüglich der von ihm verarbeiteten Stoffe. Gleichzeitig wurde deutlich, wie tief Ende im Bewußtsein seiner Leser als Kinderbuchautor eingestuft und wie wenig seine neue Intention verstanden wurde.

Eine weitere Frage lautete: ›Glauben Sie an Gott?‹ Wieder eine Frage, deren Beantwortung nicht so einfach schien. ›Wenn Sie so direkt fragen, so muß ich mit einem Ja antworten‹, so Ende. Doch er fragte nun seinerseits: ›Was meint man mit dem Wort Gott?‹ Ende leitete mit dieser Frage seine Bemerkung ein, daß es schon so ein Problem um Engel und Dämonen sei. Anschließend erzählte er dann seinen ›Erkenntnisweg‹. Dieser führte ihn über das Werk von Rudolf Steiner zu Kierkegaard, Nietzsche, die Alchimie, die Kabbala und den

Zen-Buddhismus. Weiter war seinen Aufführungen zu entnehmen, daß er sich in den letzten Jahren viel mit okkulten Systemen beschäftigt habe. Das Labyrinth des Lebens bilde sich, so meinte er, durch das, womit man sich beschäftigt habe, so auch seine Ideen.

So vermittelte die Lesung den Eindruck eines freundlichen Menschen, der auf gescheite und höfliche Weise versucht, seinen Lesern sein Weltbild, seine Weltschau durch die Formel: Heilung durch magische Phantasien, vorzustellen.

1. Lebensstationen von Michael Ende

Als Sohn des Kunstmalers Edgar Ende (1901 – 1965) und seiner Frau Luise, geb. Bartholomä, wurde Michael Andreas Helmuth Ende am 12. November 1929 in Garmisch-Partenkirchen geboren. Sein Vater war einer der ersten Surrealisten und als solcher prägend für den Sohn.

Der literarische Surrealismus entstand als künstlerische Haltung und Richtung in Frankreich. Theoretiker dieser Kunstauffassung war André Breton (1896 – 1966). Schon in dessen Kindheit entwickelte sich ein starker Widerwille gegen ›Dressuren‹ in Familie und Schule. Dieser brach sich dann später Bahn und formte in Dichtung und ästhetischer Theorie seine Wirkung (vgl. seine Manifeste 1924, 1929 und 1942). Schon in Bretons erster theoretischen Äußerung, dem Manifest von 1924, wird seine Revolution durch das automatische Schreiben eingeläutet. Damit sollten Vorstellungen hervorgerufen werden, die im Unbewußten des Rausches, der Halluzination, dem Traum und der Magie vorhanden sind. Letzterer sollte sich der ›Künstler‹ vollends hingeben. Vertrautes wurde zum Symbol einer entgleisten Welt. Dinge, die bisher in der Wahrnehmung des Alltags, der Wissenschaft, ja überhaupt in allen Lebensbereichen in festen Bezügen und gültigen Bezeichnungen standen, wurden nun in Bereiche magischer Zeichen gestellt. Damit erschienen sie ungewohnt, umgedreht, sinnentstellt. Dies konkretisieren im Bereich der Malerei zum Beispiel die Bilder von Edgar Ende, Salvador Dali und René Magritte.

Durch diese kurzen Informationen zum Surrealismus, der uns im vierten Kapitel des Buches noch näher beschäftigen wird, haben wir den geistigen Hintergrund für die Arbeiten Edgar Endes etwas ausgeleuchtet. Von ihm ist bekannt, daß er sich mit mystischen und mythologischen Schriften beschäftigte und hieraus Material für seine surrealistischen Bilder entnahm. Ferner erschien ihm die Realität des Lebens wie ein Alptraum. In seinen Bildern schilderte er Traumwelten, verfremdete Landschaften, imaginäre Innenräume und Gebäude. Ein Rezensent von Endes ›Der Spiegel im Spiegel‹ schreibt in ›Der Spiegel‹, Nr. 14, 1984, über dessen Vater: »Endes Vater, Edgar Ende, war ein surrealistischer Maler. Der hatte die Gabe, hingestreckt in einen dunklen Raum, Bilderfolgen vors innere Auge zu rufen; mit einem Bleistift, an dem ein kleines Lämpchen steckte, skizzierte er die Visionen.«

Mit dem Hinweis auf den Vater Michael Endes und dessen Tätigkeit ist etliches ausgesagt von den Einflüssen, denen Michael Ende in seiner Familie ausgesetzt war. Sie werden sich später in seinem Werk wiederfinden. Schildern wir im folgenden kurz den Lebenslauf Michael Endes.

1931 zog die Familie Ende von Garmisch-Partenkirchen nach München-Pasing um und 1935 von dort nach München-Schwabing. Hier wuchs der Sohn in der Atmosphäre von Künstlern wie Malern, Bildhauern, Literaten und deren Kindern heran.

1936 kam Michael in die Volksschule und, wie es zu dieser Zeit wohl vielen unerläßlich war, auch ins ›Jungvolk‹. In demselben Jahr wurde Edgar Ende durch die Reichskulturkammer unter Berufsverbot gestellt, weil seine Bilder als ›entartete‹ Kunst galten.

Durch das Erlernen der Heilgymnastik und der klinischen Massage ernährte nun die Mutter in den folgenden Jahren die

Familie. In dieser schweren Zeit erfuhr der Junge zu Hause, wie Freunde und Kollegen des Vaters, Juden wie Nichtjuden, ›abgeholt‹ wurden. Konzentrationslager waren der Familie bekannt. Michael mußte lernen, gewisse Dinge für sich zu behalten, zu Hause Erfahrenes nicht nach ›draußen‹ zu bringen. All dies bedrückte ihn. Seine schulischen Leistungen nahmen ab. Dennoch waren seine Eltern bemüht, ihn 1940 auf das Humanistische Maximilian-Gymnasium zu bringen. Die Aufnahmeprüfung schaffte er, blieb jedoch in der Sexta sitzen. 1941 wurde der Vater als Flak-Soldat im Raum Köln in den Krieg eingezogen, wo er als Kriegsteilnehmer bis Kriegsende verblieb. 1943 sahen sich die oberen Schulbehörden gezwungen, die Münchner Schulen wegen der zunehmenden Luftangriffe zu evakuieren. So kam Michael im Zuge der ›Kinderlandverschickung‹ wieder nach Garmisch. 1944 brannte das Atelier des Vaters in München mit 500 Bildern nieder. Die Mutter zog nach Einweisung in eine Wohnung an den Stadtrand von München. Als im letzten Kriegsjahr die Vierzehn- und Fünfzehnjährigen aus der Kinderlandverschickung eingezogen wurden, traf auch ein Stellungsbefehl bei Michael ein. Dieser zerriß diesen jedoch und versuchte, zu seiner Mutter zu flüchten. Kurz nach Kriegsende kam der Vater aus der amerikanischen Kriegsgefangenschaft zurück und die Famile zog wieder nach Schwabing. Dort teilte sich der Vater nun ein Atelier mit dem Landschaftsmaler Ferdinand Schmitz.

Als 1946 das Gymnasium, in dem Michael 1940 seine Schulzeit begann, wieder seine Lehrtätigkeit aufnahm, ging er für ein Jahr wieder dorthin. Nach diesem Jahr konnte er durch finanzielle Patenschaft von Bekannten seine letzten beiden Schuljahre auf der Freien Waldorfschule in Stuttgart absolvieren. Schon 1943 hatte Michael mit dem Schreiben begonnen. Gedichte und kleine Erzählungen kamen zu Papier. Sein Wunsch war es, fürs Theater zu schreiben. Nach dem Schulabschluß war ein Studium an der Universität aus finanziellen Gründen nicht möglich. Die Entscheidung über den weiteren Weg fiel so für die Ausbildung zum Schauspieler.

1948 – 1950 erhielt Michael Ende eine Ausbildung an der Schauspielschule Otto Falkenburg der Münchner Kammerspiele. Als Anfänger ging er zunächst nach Schleswig-Holstein an die Landesbühne in Rendsburg. Da sein Ziel aber das Schreiben war, kehrte er schon nach einer Spielzeit mit einer selbstverfaßten Komödie nach München zurück. Sein Stück fand jedoch keinen Gefallen.

Sylvester 1951/1952 lernte Michael Ende die Schauspielerin Ingeborg Hoffmann kennen. Durch sie kam er in Kontakt mit verschiedenen politisch-literarischen Kabaretts (›Die kleinen Fische‹, ›Lach- und Schießgesellschaft‹), die damals sehr beliebt waren. Er schrieb nun Sketche, Chansons, Soli. Mehrmals führte er in dieser Zeit am Münchner Volkstheater Regie.

1954 arbeitete er als Filmkritiker für den Bayerischen Rundfunk. Da sich seine Eltern inzwischen getrennt hatten und er mit seiner Mutter eine Wohnung teilte, war er kaum in der Lage, diese für sich und die Mutter zu finanzieren. Zusätzlich kam es im künstlerisch-literarischen Schaffen Endes zu einer Krise. Ausgelöst wurde diese durch eine vierjährige intensive Beschäftigung Endes mit den kunst- und theatertheoretischen Schriften Bert Brechts. Er wollte das Schreiben aufgeben. Doch kurz bevor er diesen Vorsatz in die Tat umzusetzen gedachte, bat ihn ein flüchtiger Bekannter um einen Bilderbuchtext. So entschloß er sich, ein Bilderbuch zu schreiben. Sich der Lust am Fabulieren ohne Absicht und Plan überlassend, entstand ein dickes Manuskript: ›Jim Knopf und die Lokomotive‹. Dies war im Jahre 1958. In den nächsten 1 1/2 Jahren schickte er das Manuskript an über zehn verschiedene Verlage, doch immer wieder war die Antwort: ». . . paßt leider nicht in unser Verlagsprogramm.«[5] Schließlich fand sich aber doch ein Verlag. Lotte Weitbrecht, die damalige Leiterin des Thienemann Verlages, nahm das Werk unter der Bedingung an, zwei Bände daraus machen zu können. 1960 erschien dann der erste Band. Als 1961 der zweite herauskam, erhielt Ende für diesen den Deutschen Jugendbuchpreis. Die Verkaufszahlen stiegen sprunghaft an – die finanzielle Unabhängigkeit war erreicht. Dementsprechend beendete Michael seine Tätigkeit beim Rundfunk und schrieb fortan fürs Theater. 1964 schloß er in Rom auf dem Kapitol die Ehe mit Ingeborg Hoffmann.

1965 starb sein Vater.

1966 kaufte Ende mit seiner Frau eine vierhundert Jahre alte Vogtei im Süden von München am Mangfalltal. Vier Jahre arbeiteten nun beide fast Tag und Nacht an dem Ausbau des alten Hauses.

1967 war die Uraufführung von Endes Tragikkomödie Die Spielverderberin an den Frankfurter Städtischen Bühnen. Die Inszenierung wurde eine Pleite. Das Stück wurde von keinem anderen Theater nachgespielt.

1970/71 verkaufte das Ehepaar Ende die alte Vogtei und erwarb dafür eine Villa in Genzano, 40 Kilometer südlich von Rom. Das Haus trägt den Namen ›Casa Liocorno‹ – Haus Einhorn.[6] Geht man davon aus, daß die Endes sich bei der Benennung ihres Hauses etwas gedacht haben, so stößt man bei ›Einhorn‹ in seiner allgemeinen Bedeutung auf ›unüberwindliche Kraft, Reinheit, Jungfräulichkeit und Liebe‹. Ferner taucht es als Sternbild des südlichen Himmels (Monoceros – Einhorn) auf. Diese Hinweise sollen genügen und bei späterer Beurteilung wieder ins Gedächtnis kommen. Unbegründet ist der Name ›Einhorn‹ auf keinen Fall. – Das Haus ist von einem großen Olivengarten umgeben.

In den knorrigen Wurzeln dieser Bäume legte Ende Höhlen an. Einer dieser Bäume, der gerade vor Endes Arbeitszimmer steht, beherbergt eine Dryade, einen Baumgeist. Dies teilte Ende Erhard Eppler und Hanne Tächl mit, als sie ihn am 5. und 6. Februar 1982 besuchten. Bei einem Rundgang durch seinen Garten offenbarte er dieses Geheimnis. »Immer, wenn er bei seiner Arbeit nicht mehr weiter wisse, schaue er aus dem Fenster hinaus und sehe auf den Baum. Da brauche er dann auch nicht lange auf neue Ideen zu warten. Die Nymphe hätte ihm bisher immer weitergeholfen. Deswegen müsse er auch bei jedem Rundgang im Garten hier vorbei, als Dank sozusagen.«[7] Wer diese Aussage als Scherz oder Ulk auffaßt, wird spätestens bei der ›Unendlichen Geschichte‹ verstehen, daß es Ende mit solchen Reden ernst ist. Er kommuniziert mit den unsichtbaren Wesen und scheut sich nicht, dies auch öffentlich zu tun. In einem Interview mit der Zeitschrift ›Bunte‹ wurde bekannt, daß Wünschelrutengänger den Endes ihre Wasserquellen anzeigten.

Neben den Olivenbäumen und ihren Höhlen ließ Ende einen Felsengarten nebst einem verschlungenen Laubgang anlegen. Schneeweiße Marmortische und Skulpturen runden das Bild seines mystischen Gartens ab. In dieser Umgebung lebt und wirkt der Schriftsteller Ende. 1972 entstand hier sein Buch ›Momo‹. 1973 erschien es auf dem Büchermarkt. 1974 erhielt Ende für diesen Titel mit einer Stimme Mehrheit den Deutschen Jugendbuchpreis. 1973 starb Endes Mutter. 1977 reiste Ende durch Japan. Im selben Jahr begann er seine Arbeit an der ›Unendlichen Geschichte‹, die 1979 mit einer Startauflage von 20 000 Exemplaren auf dem Büchermarkt erschien. Jahr um Jahr erhöhte sich bis heute die Auflage dieses Titels. Bis zum Frühjahr '85 steht die ›Unendliche Geschichte‹ auf den Bestsellerlisten oben an und hat inzwischen eine Auflage von mehreren Millionen erreicht. Im Anschluß an diese Arbeit begann Ende eine weiterführende Arbeit, die an der ›Unendlichen Geschichte‹ anknüpft. 1984 erschien dann sein Buch: ›Der Spiegel im Spiegel‹.

2. ›Meine Vorstellung‹

In einem kleinen Bändchen, das Hansjörg Weitbrecht, der Verleger Michael Endes zu dessen 50. Geburtstag 1979 herausbrachte, stellte sich Ende persönlich vor. Er tat dieses unter der Überschrift: ›Meine Vorstellung‹[8]. Interessanterweise erscheint die von ihm damals gewählte Geschichte seiner Vorstellung gleichlautend in dem Band: ›Spiegel im Spiegel‹ als 24. Geschichte. Dieser Hinweis deutet an, daß ihm dies sehr wichtig ist. Da es zur Veranschaulichung der Person Endes ganz hilfreich sein dürfte, ihn selbst einmal sprechen zu lassen, zitiere ich seine Vorstellung.

»Unter einem schwarzen Himmel liegt ein unbewohnbares Land. Eine grenzenlose Wüste aus Bombenkratern, versteinerten Wäldern, verdorrten Flußbetten und endlosen Autofriedhöfen.

Mitten in dieser Wüste liegt eine Stadt ohne Menschen. Eine Stadt voller Schatten und schwarzer Fensterhöhlen, das Gerippe einer Stadt.

Mitten in dieser Stadt gibt es einen Jahrmarkt, dort ist die Stille am tiefsten. Die rostigen Gondeln des Riesenrades schwanken im kalten Wind, und die Karusselpferdchen sind ergraut vom Staub.

Nichts ist zu hören als das gleichmäßige Pochen eines riesigen fallenden Wassertropfens, immerzu, immerzu, gewaltig und beharrlich.

Oder ist es ein Herzschlag? Aber wenn es ein Herz ist, das da schlägt, wessen Herz ist es dann? Eines Menschen? Eines Tieres? Eines Engels vielleicht?

In der Mitte des toten Jahrmarkts steht ein Kind. Es steht vor einer Bude, die bunt bemalt ist mit unzähligen Figuren, die Gelächter, Rührung und Wunder verheißen. Nach einer Weile, da niemand es daran hindert, wagt es sich ins Innere der Bude. Dort findet es ein paar blankgewetzte Holzbänke vor einem geschlossenen, vielfach geflickten Vorhang, der im Halbdunkel leise vom Luftzug bewegt wird. Plötzlich strahlt das Rampenlicht magisch in den Falten empor. Das Kind setzt sich ganz hinten auf die letzte Bank und wartet.

Nach einer Weile wird eine Stimme hörbar. Sie kommt, scheint's, von hinter dem Vorhang und klingt ein wenig heiser, als habe sie lang nicht gesprochen oder als spräche sie zum ersten Mal. ›Damen und Herren!‹ sagt sie, ›unsere Vorstellung wird sogleich beginnen, aber wir müssen Sie noch um ein klein wenig Geduld bitten. Unser Theater ist nicht wie andere Theater, es läßt sich nicht maschinell betreiben wie ein Dampf-

schiff, es gleicht vielmehr einer Fregatte, die abhängig ist von Ebbe und Flut, vom Wind und den Strömungen des Meeres. Und, Damen und Herren, Sie müssen doch zugeben: Im Vergleich zur brutalen und stumpfsinnigen Zielstrebigkeit eines Dampfschiffs ist eine Fregatte schön und sensibel, wenn auch natürlich etwas antiquiert wie alles Noble.

Was wir Ihnen zeigen, Damen und Herren, wird Sie weder klüger noch tugendhafter machen, denn unser Theater ist weder Schule noch Kirche. Das Unglück der Welt wird durch unsere Darbietung nicht vermindert – allerdings auch nicht vermehrt, das ist immerhin schon viel! Wir haben keinerlei Absichten, nicht einmal die, Sie zu betrügen. Wir argumentieren nicht. Wir wollen nichts beweisen, nichts anklagen, nichts aufzeigen. Ja, wir wollen Sie noch nicht einmal von der Wirklichkeit unserer Vorstellung überzeugen, falls Sie es vorziehen, sie für Phantasie zu halten. Es könnte scheinen, als brauchen wir Sie überhaupt nicht, Damen und Herren, doch dem ist nicht so‹.

Es entsteht eine Pause, in welcher man hinter dem Vorhang erregtes Flüstern hört. Das Kind auf der letzten Bank hat das Kinn in die Hand gestützt und wartet.

›Da sind wir nun also‹, fährt die Stimme, jetzt wieder laut, fort. ›Sie da unten und wir hier oben. Und Sie beginnen sich wohl allmählich mit dem guten Recht dessen, der Eintrittsgeld bezahlt hat, zu fragen, warum und wofür? Sie wollen wissen, Damen und Herren, warum unsere Vorstellung noch immer nicht beginnen kann? Ich kann Ihnen die erfreuliche Mitteilung machen: Niemand ist schuld.

Was unter den gegebenen Umständen solche Schwierigkeiten macht, das ist die Verkörperung. Unser Magier arbeitet bereits seit Stunden im Schweiße seines Angesichts und mit den stärksten Beschwörungsformeln von Agrippa bis Einstein, um die Gestalt hinter diesem Vorhang bis zur Sichtbarkeit zu verdichten. Dennoch ist sie bis jetzt nur erst zweidimensional und ständig in Gefahr, in ein Häuflein Buchstaben zu zerfallen. Vielleicht liegt es allerdings auch daran, daß erst noch so vieles zum Verschwinden gebracht werden muß, was aus früheren Vorstellungen übrig geblieben ist und nun die Bühne verrammelt. Wir sind auf Ihre Mitwirkung angewiesen, Damen und Herren. Wenn Sie also so freundlich sein wollen, uns zu helfen, so sagen wir Ihnen im Namen der Direktion herzlichen Dank. Geben Sie acht!

Ihre Aufgabe besteht darin, mit ganzer Kraft an einen Seiltänzer zu denken. Sehen Sie ihn? Hoch droben, zwischen zwei Masten, glitzernd und zartfüßig, mit nichts unter sich als einem Stückchen schwankenden Seils und dem Abgrund. Nein, Damen und Herren, kein Netz! Die Pflicht eines wahren Seiltänzers ist es, Kopf und Kragen aufs Spiel zu setzen. Den eigenen Kopf und Kragen, versteht sich, denn ein Seiltänzer ist schließlich kein General. Aber wofür?

Er will von einer Seite des hochgespannten Seils auf die andere. Er könnte ganz bequem und gefahrlos auf der ebenen Erde hinübergehen, das brächte ihn ans gleiche Ziel – aber nein, er muß unbedingt den Weg über das Seil wählen. Warum?

Die Gage ist es gewiß nicht, sie ist gering. Für niemand ist sein Wagemut von Nutzen, am wenigsten für ihn selbst. Die Bewunderung des Publikums wiegt wenig im Angesicht des drohenden Absturzes. Und überdies, was ein wahrer Seiltänzer ist, der erfüllt seine Pflicht auch, wenn niemand zusieht.

Und geht es ihm denn überhaupt darum, von der einen Seite auf die andere zu kommen? Sind nicht sogar die Seiten vertauschbar? Wofür also, bedenken Sie das bitte, setzt er seine sowieso schon fragwürdige Existenz aufs Spiel? Und das immer und immer wieder?‹ In diesem Augenblick beginnt der zerlumpte, buntfleckige Vorhang sich langsam, ruckend und quietschend, zu öffnen.

›Bravo!‹ ruft die Stimme, ›wir wissen nicht, Damen und Herren, wer von Ihnen allen dort unten soeben die richtige Antwort gedacht hat, aber durch ihn ist die Verkörperung gelungen. Allez-hopp! E voilà! Da ist er!‹

Auf der Bühne im Halbdunkel steht einer, der einen großen, sonderbaren Hut aufhat. Er zeigt mit der linken Hand nach oben und mit der rechten nach unten. So steht er reglos ein Weilchen. Dann plötzlich tritt er an die Rampe, nimmt seinen Hut ab und verbeugt sich tief, fast bis zur Erde, vor dem Kind auf der letzten Bank.

›Danke!‹ sagt er, ›das hast du sehr gut gemacht.‹

›Wer bist du denn?‹ fragt das Kind.

›Der Pagad‹, antwortet der Mann, setzt sich auf die Rampe und baumelt mit den Beinen.

›Und was bist du?‹ fragt das Kind.

›Ein Magier‹, antwortet der Mann, ›und ein Gaukler. Beides.‹

›Und wie heißt du?‹ will das Kind wissen.

›Ich habe eine Menge Namen‹, antwortet der Pagad, ›aber am Anfang heiße ich Ende.‹

›Das ist ein komischer Name‹, meint das Kind und lacht.

›Ja‹, sagt der Pagad, ›und wie heißt du?‹

›Ich heiße bloß Kind‹, sagt das Kind verlegen.

›Vielen Dank jedenfalls‹, sagt der Mann mit dem Hut, ›daß du dich mir vorgestellt hast. Dadurch kann ich mich dir nun vorstellen. Und damit ist die Vorstellung zu Ende.‹ Er zwinkert.

›Schon?‹ fragt das Kind. ›Und was machen wir jetzt?‹

›Jetzt‹, antwortet der Mann auf der Rampe und schlägt die Beine übereinander, ›jetzt fangen wir etwas an.‹

›Kann ich bei dir bleiben?‹ fragt das Kind.

›Man wird nach dir fragen‹, meint der Pagad ernst.

Das Kind schüttelt den Kopf.

›Wo wohnst du denn?‹ erkundigt sich der Pagad.

›Man kann nirgends mehr wohnen‹, antwortet das Kind. ›Ich jedenfalls nicht.‹

›Dann kann ich es auch nicht‹, meint der Pagad nachdenklich.

›Was machen wir da?‹

›Wir könnten zusammen losgehen‹, schlägt das Kind vor, ›und eine neue Welt suchen, wo wir beide wohnen können.‹

›Eine gute Idee!‹ sagt der Pagad und setzt seinen großen,

sonderbaren Hut auf, ›und wenn wir keine finden, dann zaubern wir uns eine.‹

›Kannst du das denn?‹ fragt das Kind.

›Ich hab's noch nicht versucht‹, antwortet der Pagad, ›aber wenn du mir dabei hilfst . . .‹ Übrigens finde ich, du solltest doch einen richtigen Namen haben. Ich werde dich Michael nennen.‹ ›Danke‹, sagt das Kind und lächelt, ›jetzt sind wir quitt.‹ Dann verlassen sie die Bude, den Jahrmarkt, die Stadt. Unter dem schwarzen Himmel gehen sie, angelegentlich ins Gespräch vertieft, auf den Horizont zu und werden kleiner und kleiner. Sie halten sich gegenseitig an der Hand, und man weiß nicht genau: Wer führt wen?«[9]

Zunächst fällt es schwer, diese Geschichte als Vorstellung Endes aufzufassen. Fremd und ungewöhnlich ist diese Art der Autobiographie. Wie haben wir sie zu verstehen, um Wesenszüge des Michael Ende darin zu entdecken?

Die Umgebung, der Ort der Handlung, liegt im Dunkeln. Menschenleer und von Chaos gezeichnet, eine Stadt, ein Jahrmarkt, letzterer wird zum Mittelpunkt, zum Ort des Geschehens. All dieses wird von einem Geräusch durchdrungen, das monoton und gewaltig erscheint. In dieses Szenarium könnte etwas von dem eingegangen sein, was Ende in seiner Kindheit erlebte. Erinnern wir uns an die Skizze seines Lebens, so erscheinen die mystische Welt des Elternhauses und die Schrecknisse des Zweiten Weltkrieges. Aus der Erinnerung, viele Jahre später aufgezeichnet, mag Ende die Zuordnung des Herzschlages Mühe machen. Diese Erlebnisse mögen ihm schwerlich in der Beurteilung menschlich, animalisch oder geistlich *(»Aber wenn es ein Herz ist, das da schlägt, wessen Herz ist es dann? Eines Menschen? Eines Tieres? Eines Engels vielleicht?«)* deutbar sein. Wesentlich ist das Fühlbare im Dunkel und Durcheinander, auch wenn es durch die bizarren Bilder erscheint. Betroffenheit trotz alledem?

Nach diesen ersten Zeilen erscheint ein Kind in der Mitte des toten Jahrmarktes. Ein Kind? Warum ein Kind? Ist er es vielleicht – Michael Ende? Man kann es sich kaum vorstellen, wie ein Kind inmitten dieser Trostlosigkeit ausharren – leben kann. Dennoch – auch diesem Kind wird noch etwas geboten, was es herausreißen soll aus der Sinnlosigkeit seiner Umgebung. Eine Jahrmarktsbude, die Figuren an derselben, ziehen die Aufmerksamkeit des Kindes an. Das Kind wagt sich ins Innere der Bude. Was kann ihm schon geschehen? Die äußere Umgebung ist trost- und sinnlos, kindfeindlich. Dunkelheit und Todesäußerungen sind ihre Kennzeichen. Damit scheint der Weg ins Innere der Bude als eine Flucht vor der äußeren Wirklichkeit. Übersetzt man dieses Bild in den Lebenszusammenhang, wie er von Ende angedeutet sein könnte, so steigt die Spannung, da ja nun die Frage des Ausweges aus der äußeren Finsternis und Leere aufbricht.

Im Inneren der Bude scheint keine Sonne, blühen keine Blumen, spielen keine Kinder, singen keine Vögel – im Inneren der Bude scheint magisches Licht auf einen alten, geflickten Vorhang. Man möchte aufschreien, weglaufen – doch das Kind scheint die Stimmung im Inneren der Bude ertragen zu können. Vielleicht gelingt ihm dies, weil die äußere Leere und Finsternis ihm schon gewohnt war, weil ihm vielleicht aber auch die Auswege in solchen Buden bekannt waren.

Schon bald ertönt eine Stimme. Dem Kind wird gesagt, daß etwas Besonderes in diesem Theater geschehen wird. Dies wird angekündigt, indem alles Herkömmliche verworfen wird. Schulweisheiten und Kirchenlehren werden dem Kind ebensowenig geboten wie noch Schlimmeres, was es draußen erlebte. Allerdings auch nichts Besseres. Wieder erstaunt es, daß das Kind nicht flüchtet. Aus der Ankündigung durch die Stimme vernimmt das Kind, daß weder Argumente, noch Beweise, noch Anklagen Hilfen für seinen Ausweg sein werden. Nachdenken, Umdenken oder Aufdecken und Schreien nach einem Ausweg sollen ihm hier nicht helfen können. Die Atmosphäre ist angespannt. Wieder ertönt die Stimme und bietet Erklärung. Es liege an der noch nicht eingetretenen Verkörperung, warum noch nichts auf der Bühne zu sehen sei. Was dem Kind nicht verständlich sein kann, weiß der Magier zu erklären. Er versteht etwas von den Auswirkungen spiritistischen Beschwörens. Damit wird die Besonderheit des Theaters deutlich. Es handelt sich um ein magisches Theater, in dem durch Beschwörungsformeln Geister des Jenseits erscheinen sollen.

Ende zeichnet mit diesen und den folgenden Sätzen eine spiritistische Handlung auf, während derer die angerufenen Geister sich materialisieren sollen. Wie aus der Geschichte des Spiritismus bekannt ist, waren die meisten zur Materialisation angerufenen Geister für die Teilnehmer der Séance zweidimensional sichtbar. Besondere Spezialisten der Parapsychologie versuchten sogar, solche Erscheinungen im Foto festzuhalten. Ende schreibt dieses bestätigend: *»Dennoch ist sie bis jetzt nur zweidimensional* . . .«. Er deutet damit an, daß diese Verkörperung für das zuschauende Kind nur verzerrt wahrgenommen werden kann. Gleich hieran anknüpfend wird das Kind direkt aufgefordert, sich an der Verkörperung aktiv zu beteiligen. Dies geht nicht durch Argumente, Beweise; geschweige denn durch Zweifel – nein, ganz im Gegenteil, durch Hypnose und Suggestion. Die Aufforderung lautet: *»Mit ganzer Kraft an einen Seiltänzer zu denken.«* Das Primäre der Aufforderung liegt in dem Appell: »Mit ganzer Kraft.« Alles wird auf diese eine Aufgabe konzentriert. Was dieser entgegensteht, muß ausgeschlossen werden. Nach dieser Weisung wird das Kind von der Stimme geleitet. Alles was über den Seiltänzer gesagt wurde, ist von diesem nachzuvollziehen. Es ist jetzt gleichsam an die Hand genommen worden – geführt in das Reich der magischen Phantasien und damit auf den Weg gebracht zu einer heileren, besseren Welt als der vorher äußerlich erfahrenen – so die Geschichte.

Bleiben wir erneut in Gedanken hier einmal stehen. Das Kind, wir können mit gutem Grund annehmen, daß Ende sich selbst hiermit meint, wird durch eine Stimme, die von ihm bisher noch nicht zu identifizieren ist, geführt. Es widersetzt sich nicht, hat auch keine Angst, es läßt sich führen. So scheint für Michael Ende schon in ganz jungen Jahren der Ausweg aus seiner ihm finster und menschenleer erlebten Umwelt in magischen Phantasien zu bestehen. Ist die vernommene Stimme vielleicht sogar die seines Vaters? Es spräche für diese Vermutung die Tatsache, daß das Kind der Stimme folgt und angeblich Vertrauen zu ihr hatte.

Mit dem Erscheinen des Magiers auf der Bühne muß sich der Blick der Interpretation nun vom Kind weg und zum erwachsenen Mann, zu Michael Ende richten. Wer ist Michael Ende? Wie sieht er sich heute?

»Auf der Bühne im Halbdunkel steht einer, der einen großen sonderbaren Hut aufhat. Er zeigt mit der linken Hand nach oben und mit der rechten nach unten.« In dieser Pose erscheint der Magier und Gaukler. Als das Kind fragt: ›Wer bist du?‹ erhält es zur Antwort: ›Der Pagad.‹ Mit dieser Frage ist nach dem Wesen, nach dem Sein gefragt. Da das Kind, wie vielleicht auch der eine oder andere Leser, nichts mit dieser Antwort anzufangen weiß, fragt es nach: ›Was bist du?‹ Die Antwort hierauf lautet: ›Ein Magier . . ., und ein Gaukler. Beides.‹ Gefragt nach seinem Namen lautet die Antwort: Ende. Im weiteren Verlauf der Vorstellung bekommt das Kind vom Pagad den Namen Michael. Das Kind ist damit vom Magier an die Hand genommen. Beide, Kind und Magier sind Michael Ende. Die Auflösung der anfangs so verschleierten Vorstellung liegt jetzt vor. Düstere Kindheitserlebnisse sind durch magische Phantasien überwunden und münden ein in das Leben eines Pagads – eines Magiers und Gauklers.

Forscht man nach, was der Pagad sei, so kommt man auf Tarot oder Tarock. In Lexika findet man unter diesem Begriff den Hinweis auf ein Kartenspiel, das mit Vorliebe von Zigeunern gespielt wird. Bei dem Tarot-Kartenspiel handelt es sich jedoch um ein ganz besonderes Kartenspiel, denn die Symbole auf den einzelnen Karten haben magische Bedeutung. So benutzt man zum Beispiel das Tarot-Kartenspiel zur Unterweisung in der Magie, da sich mit der Kartensymbolik die Mystik und Magie der Zigeuner verbindet. Der Pagad[10] ist auf der ersten Karte des Tarot-Decks genau so dargestellt, wie ihn

Ende beschrieben hat: ». . . *großen, sonderbaren Hut auf hat. Er zeigt mit der linken Hand nach oben und mit der rechten nach unten.«*

Wenn Ende sich ferner als Magier bezeichnet, so deutet er damit an, über Fähigkeiten zu verfügen, die magischen bzw. übernatürlichen Ursprungs sind. Hinzu kommen noch seine Zauberkünste, die er als Gaukler vorstellt.

Da Ende sich selbst in seiner Vorstellung als Magier und Gaukler ausweist, ist er als solcher ernstzunehmen und zu beurteilen. Seine letzten beiden Bücher: ›Die unendliche Geschichte‹ und ›Der Spiegel im Spiegel‹ werden uns noch hinreichend bei ihrer Besprechung davon überzeugen, daß Ende durchaus gemäß seiner Seinsweise ein Werk mit magischen Phantasien geschaffen hat.

3. Von okkulten Systemen zum Endeschen Weltbild

In einem Interview, das Ende Dieter E. Zimmer von der Wochenzeitung ›Die Zeit‹ gab, sagte er: »Ich habe mich seit nahezu dreißig Jahren sehr intensiv mit nahezu allen okkulten Systemen der Welt beschäftigt, vom Zen-Buddhismus bis zu den Rosenkreuzern und den Alchimisten und der Kabbala und der Anthroposophie Rudolf Steiners.«[11] Zunächst scheint die Beschäftigung mit Okkultem für den normal zu sein, der sich als Magier versteht. Für jedes andere Seinsverständnis ist dies abschreckend und ungewöhnlich. Heutzutage scheint es wieder in Mode zu kommen, Nachhilfeunterricht bei okkulten Quellen zur Daseinsbewältigung zu nehmen. Für viele Zeitgenossen reichen die Problembewältigungsmöglichkeiten der Wissenschaften nicht mehr aus. Der Glaube an die Wissenschaft weicht einem Glauben an die Heilung der Welt durch Magie. Diesem Verhalten leisten die globalen Probleme der Umweltzerstörung, der Bedrohung durch einen nuklearen Krieg und die steigende Arbeitslosigkeit in der westlichen Welt Zulieferdienste. Aussteigen aus zeitbedingten Lebensformen und Lebensweisen und Einsteigen ins Mystische ist ›in‹. Michael Ende ist als ›Magier‹ gefragt, seine ›Erkenntnisquellen‹ werden von vielen begierig aufgesucht. Um die okkulten Systeme Endes und ihre Quellen kennenzulernen, möchte ich einige Beispiele anführen. Als Untersuchungsmaterial dient mir hierzu das Michael Ende-›Lesebuch‹, das seit 1983 in einer Auflage von 25 000 Exemplaren vorliegt und die von ihm genannten okkulten Systeme vorstellt. Festzuhalten ist ferner das Auswahlkriterium für Ende, nach dem er die verschiedenen Texte zusammenstellte. Er schreibt: »Ich habe mich dafür entschieden, unter allen denkbaren Auswahlprinzipien das allerpersönlichste anzuwenden, nämlich diejenigen Texte zusammenzustellen, die für mich zu irgendeinem Zeitpunkt meines Lebens Weichen gestellt haben, die mich entscheidend beeinflußten, mich zu bestimmten Einsichten brachten oder mich vor Fragen stellten, mit denen ich seither lebe.«[12]

Aus der Fülle der 25 in diesem Buch zusammengestellten Texte, die Ende heute noch bewegen, seien einige exemplarisch genannt.

a) Zum Beispiel: Rudolf Steiner – ›Die moralische Phantasie‹

Der von Ende ausgewählte Aufsatz beginnt mit dem Satz: »Der freie Geist handelt nach seinen Impulsen, das sind Intuitionen, die aus dem ganzen seiner Ideenwelt durch das Denken ausgewählt sind.«[13]

Dieser angeblich freie Geist, über den Steiner in diesem Aufsatz als Gegensatz zu dem unfreien Geist spricht, ist nichts anderes, als sein eigener, medial ihn benutzender Geist aus dem Verborgenen. Was dieser Geist zur Kontrolle seiner Äußerungen benötigt, ist die moralische Phantasie. Steiner sagt: »Was der freie Geist nötig hat, um seine Ideen zu verwirklichen, um sich durchzusetzen, ist (. . .) die moralische Phantasie. Sie ist die Quelle für das Handeln des freien

Geistes.«[14] Wenn wir eben feststellten, daß der Begriff ›freier Geist‹ ein Synonym für okkulten Geist darstellt, so wird die Legitimierung seiner Äußerungen durch moralische Phantasie erreicht. Wieder erscheint ein Synonym für die eigentliche Selbststeuerung dieses Geistes. Er gibt sich vor der Hand moralisch kontrolliert und stellt doch in Wirklichkeit immer das dar, was er soll. Schon aus diesen wenigen Sätzen spricht magische Phantasie. Dies wird um so deutlicher, wenn man Rudolf Steiners (1861 – 1925) Leben und Werk betrachtet. Schon in jungen Jahren fällt Rudolf Joseph Lorenz Steiner durch seine ›außersinnlichen Wahrnehmungen‹ (ASW)[15] aus dem Rahmen seiner Familie. Seinem Vater, einem Telegrafisten und Freidenker sind die Wahrnehmungen seines Sohnes gar nicht recht. Ihm und anderen in der Familie fehlte das Verständnis für die okkulten Fähigkeiten des Erstgeborenen. In seiner Autobiographie spricht Steiner davon, als kleiner Junge die Gestalt einer toten Tante gesehen zu haben. 1913 erwähnt er dieses Erlebnis in einem Vortrag ausführlicher:

»Die Frauenperson trat zur Tür herein, ging bis in die Mitte der Stube, machte Gebärden und sprach auch Worte, die etwa in der folgenden Weise wiedergegeben werden können: ›Versuche jetzt und später, so viel du kannst, für mich zu tun.‹ Dann war sie noch eine Weile anwesend unter Gebärden, die nicht mehr aus der Seele verschwinden können, wenn man sie gesehen hat, ging zum Ofen hin und verschwand in den Ofen hinein.«[16] Nach einschlägigen Forschungen ist bekannt, daß Menschen mit außergewöhnlichen parapsychologischen Fähigkeiten diese schon in früher Kindheit bekommen haben. Mit dieser Fähigkeit, mit dem Geist in der Erscheinung der Tante und mit anderen Geistern, stand Rudolf Steiner zeit seines Lebens in medialem Kontakt. Wehrte er sich auch, wenn man ihm diese Fähigkeiten nachwies, so zeigten doch sein Werk und seine Freunde, daß dem dennoch so war. Auf die Frage, ob er in der geistigen Welt schon einmal der verstorbenen Mutter des Fragenden begegnet sei, antwortete Steiner: »Wenn Sie einem Vortrag zuhören, dann kommt oft eine Individualität, die ich für Ihre verstorbene Mutter halte. Sie bringt auch noch einige andere mit. Sie ist ein wenig unruhig und geht ab und zu. Aber an Ihrem geistigen Leben nimmt sie starken Anteil.« Rittelmeyer, der hier Steiner fragte, fügt hinzu: »Auch sonst kamen mir Beispiele zu Gehör, daß er an einzelnen Menschen während der Vorträge allerlei Übersinnliches erlebte.«[17]

Diese Hinweise zur Person Rudolf Steiners und ihrer medialen und okkulten Betätigung mögen hinreichen, um den freien Geist in dem Aufsatz als finsteren Geist der ›Unterwelt‹ zu erkennen, der sich hinter den moralischen Phantasien verbirgt. Mögen beide sich auch in dem Aufsatz selbst als rechtschaffend und heilsam zeigen, in Wirklichkeit sind sie es keinesfalls. Wendet man dies auf Michael Ende an, so sieht man ihn getreu seinen Jugenderfahrungen in der Waldorfschule die Gedanken und ›Geister‹ des Rudolf Steiner aufnehmen. Dies gilt besonders vor dem Hintergrund seiner Äußerung, nur das in sein Lesebuch aufgenommen zu haben, was ihn unmittelbar anging und heute noch angeht. Für das Verständnis des Endeschen ›Werkes‹ ist es so wichtig, die anthroposophischen Lehren Steiners zu kennen. Verdeutlichen wir uns im folgenden die Steinersche Weltsicht.

Am Anfang der Welt, der kosmischen Entwicklung, stand für Steiner das Rein-Geistige. Ein Teil dieses Rein-Geistigen soll nach seiner Vorstellung in Stofflichkeit, der andere Teil in ein zielsetzendes und damit leitendes Prinzip übergegangen sein. Über lezterem schwebt ein Entwicklungsprozeß. Für die Erde verlief dieser in sieben Stufen: über Saturn-, Sonnen-, Mond-, Erden-, Jupiter-, Venus- und Vulkanzustand. In den ersten dieser Stufen bildeten sich das Materialreich, das Pflanzenreich und das Tierreich. Zur Zeit befindet sich nach dieser Theorie die Erde in ihrer vierten Entwicklungsphase, die im Zeichen des Tiefpunkts und des beginnenden Rückschwungs stehen soll. Eingebettet in diesen Entwicklungsprozeß ist auch der Mensch. Als reine ›Geistseele‹ oder als ›Lebensgeist‹ begann er seinen Weg. Im Saturnzustand entwickelten sich seine Anlagen zum physischen Körper mit seinem Trancezustand; während des Sonnenzustandes transferierte sich der Ätherleib mit dem Schlafbewußtsein. Im Mondzustand entstand schließlich der Astralleib mit seinem Bilderbewußtsein. Im Erdenzustand entwickelte sich das Ich. Dieses Ich hat eine Mittelstellung zwischen den drei unteren Gliedern (physischer Körper, Ätherleib, Astralleib) und den drei oberen Gliedern, die als Geistselbst, als Lebensgeist und als Geistesmensch bezeichnet werden. Letzterer versteht sich als eine selbständige geistige Wesenheit. Das Ich steht nun als Mittelding gleichsam auch in einer Mittlerfunktion zwischen den einzelnen Gliedgruppen. Als Endziel sieht Steiner in seiner evolutionistischen Welt- und Menschensicht die Wandlung des Astralleibes zum Geistselbst, des Ätherleibes zum Lebensgeist, des physischen Leibes zum Geistmenschen. Diese Weltanschauung ist im höchsten Sinne magisch. Die einzelnen Evolutionsschritte stellen nichts anderes dar, als eine vollkommene Durchdringung der Welt und des Menschen von den Geistern der Finsternis. Wenn wir in folgenden Ausführungen erfahren, daß Michael Ende von der Wirklichkeit hinter der von uns durch unsere Sinne wahrnehmbaren Wirklichkeit spricht, dann ist von der Steinerschen magischen Kosmogonie und Anthropologie mit all ihren Geisterimplikationen die Rede.

Darüber hinaus sieht Steiner eine Reinkarnationsmöglichkeit für den Menschen. Vera Pierott schreibt dazu: »Er lehrt: Wenn sich der Mensch nach dem Tod in der geistigen Welt aufhält, steigt er durch verschiedene Regionen der Seelenwelt in das Geisterland auf. Er begegnet geistigen Wesenheiten wiederum in verschiedenen Regionen und hat die Möglichkeit, sich noch höher hinaufzuentwickeln. Er vermag zu erkennen, was in der nächsten Inkarnation an Konstellationen für ihn nötig sein wird. Zu angemessener Zeit faßt er den Entschluß, auf die Erde zurückzukehren. Der ›Abstieg‹ vollzieht sich in Stufen, auf denen die Erinnerung an das im Geisterland Erlebte und Erkannte gelöscht wird. Der Mensch inkarniert sich zielgerichtet bei Eltern und in einer Umgebung, die seinem

Karma am besten entsprechen. ›Daß ich, wenn ich mich wiederverkörpere, eine Umwelt vorfinde, die dem Ergebnis meiner Taten aus dem vorhergehenden Leben entspricht, dafür sorgt die Verwandtschaft meines wiederverkörperten Geistes mit den Dingen der Umwelt.‹ – ›Man kann demnach das Verhältnis von Geist, Seele und Körper auch so ausdrükken: Unvergänglich ist der Geist; Geburt und Tod walten nach den Gesetzen der physischen Welt in der Körperlichkeit; das Seelenleben, das dem Schicksal unterliegt, vermittelt den Zusammenhang von beiden während eines irdischen Lebenslaufs.

Die Wiederverkörperung erfolgt nach Steiner in der Regel einmal als Mann und einmal als Frau, da die Erlebnisse je nach Geschlecht verschieden sind. Innerhalb von etwa 2100 Jahren erscheint der Mensch zweimal, weil in diesem Zeitraum vom ›Ich‹ wieder Neues erlebt werden kann, weil sich die physisch-sinnliche Welt inzwischen entsprechend umgestaltet hat.«[18]

Damit wird deutlich, daß sich all diese Steinerschen Magien in dem Denken und Weltvorstellen von Michael Ende aufspüren lassen, womit sie sich in seinen Büchern eingenistet haben und bei seinen Lesern Wirkungen zeitigen. Aber es gibt weitere Quellen seines Denkens.

b) Zum Beispiel: Gustav Meyrink

Gustav Meyrink (1868 – 1932) taucht mit seiner Geschichte: ›Der Fluch der Kröte – Fluch der Kröte‹ in Endes Lesebuch auf. Vielen sagt dieser Name vielleicht nichts. In okkulter Literatur Bewanderten hingegen sehr viel. In seinem Aufsatz: ›Exotismus und Okkultismus‹[19] geht Wolfgang Reif ausführlich auf Meyrink ein. Meyrink gehört mit anderen Schriftstellern zu den Begründern des literarischen Okkultismus oder magischen Realismus zu Beginn des 20. Jahrhunderts. Okkulte Traditionen aus vergangenen Epochen oder fremden Kulturkreisen (Kabbala, Paracelsus, Nostradamus, Rosenkreuzer, ägyptische, griechische oder germanische Mythen, Leben des Yoga, altchinesische Überlieferungen u. a. ergänzt durch angebliche Selbsterfahrungen) werden in dieser Literatur aufgenommen. Entsprechend den Massenphänomenen des Spiritismus in den 20er Jahren des 20. Jahrhunderts, schreiben viele Autoren hoch okkulte Literatur. Mit Ewers und Kubin bildet Meyrink die Trias von okkulten Stückeschreibern. Sein 1915 erschienener ›Golem‹, der übrigens 1984 neu vom Deutschen Bücherbund den Lesern angeboten wird, bildet mit den Höhepunkt abscheulicher okkulter Literatur. 1891 beteiligt sich Meyrink an der Gründung der Prager Loge ›Zum blauen Stern‹. Ferner hielt er intensive Verbindung zu englischen Freimaurern und Rosenkreuzern. Für Meyrink selbst hat der Okkultismus im Triebe des Menschen nach Freiheit seine Wurzel. Dem ist zuzustimmen, wenn man wie Meyrink Freiheit des Menschen in seiner Loslösung von Gott und seinen Ordnungen sieht. In der Realität ist dies freilich ein Weg, der in die Irre führt.

Weitere, von Ende in seinem Lesebuch mit okkultem Hintergrund schreibende Autoren sind zum Beispiel Johann Wolfgang von Goethe[20] und Tanja Blixen (1885 – 1962)[21]. Durch diese Autoren ist Endes Literaturinteresse an okkulter Literatur ausgewiesen. Dieses Interesse bestätigt sich ferner, wenn man im Magazin ›Stern‹, Heft 34, vom 18. August 1983 liest: »Auch Michael Ende las Crowley mit Gewinn.«

c) Zum Beispiel: Okkulte Systeme – Kabbala, Alchimie und Rosenkreuzer

Unter der Kabbala haben wir eine jüdische Geheimlehre zu verstehen, die sich vom siebten bis fünfzehnten Jahrhundert entwickelt hat. Beschäftigte sie sich im Anfang durch intuitives Erfassen mit der übersinnlichen Welt, so wurde sie in dem Buch der Schöpfung (Sepher Jezirah) zu einer Weltentstehungslehre, in der die Zahlen eine Hauptrolle spielen. Im dreizehnten Jahrhundert bildete sich die Lehre von den zehn

Sephiroth. Damit sind zehn Grundkräfte gemeint, die zwischen Gott und seiner Schöpfung vermitteln sollen. Hinzu kommt eine Anschauung von vier sich abstufenden Weltordnungen und die Seelenwanderung. All diese wirren Gedanken werden gegen Ende des dreizehnten Jahrhunderts in dem Buch Sohar (Licht, Glanz) zusammengefaßt. Von diesem Zeitpunkt an nimmt die Kabbala eine Richtung auf spitzfindige Begriffs- und Wortspielereien und eine auf magische Wunderwirkung auf.

In der Kabbalistischen Philosophie ist der Versuch zu finden, den religiösen Gehalt des schon recht eigenwillig gedeuteten Alten Testaments mit dem Glauben an die Seelenwanderung und der pythagoreischen Zahlenrechnung in Einklang zu bringen. Eingebettet in diese Philosophie entsteht folgende Weltanschauung: »Die zehn Sephiroth oder Lichtkreise bilden die obersten der von Gott ausgestrahlten Welten. Stufenweise folgen drei andere Welten; jede in gleicher Art aus zehn Wesenreihen aufgebaut; alle in enger Verbindung miteinander, aber so voneinander geschieden, daß die oberste (die geistige) von den drei ersten Sephiroth, die mittlere (die seelische) von den folgenden, die letzte (die körperliche) wiederum von den drei folgenden Sephiroth beeinflußt wird. Der Mensch, solange er noch nicht durch Seelenwanderung gereinigt in die Geisterwelt aufgegangen ist, gehört allen drei Welten an, da er eine vernünftige Seele (Neshomo), den beseelenden Atem (Ruach) und die Lebenskraft (Nephesch) besitzt. Der Zusammenhang mit diesen drei Welten ermöglicht es dem Menschen, den Lauf der Dinge zu seinen Gunsten zu ändern.«[22]

Was hat all dies aber mit Michael Ende zu tun? Wie sich zeigen wird, hat auch Ende die Mystik der Kabbala geschickt in sein Werk eingebaut. Der Weg des Bastian Baltasar Bux zeigt geradezu eine Seelenwanderung und -reinigung im kabbalistischen Sinne. Darüber hinaus geben die einzelnen skurios klingenden Namen der vielen Figuren in der ›Unendlichen Geschichte‹ Beispiele für Endes Kabbalistikstudium.

In der Alchimie bezieht man sich auf eine uralte Überlieferung, in der sieben Metalle sieben Planeten zugeordnet werden. Blei dem Saturn, Zinn dem Jupiter, Eisen dem Mars, Gold der Sonne, Kupfer der Venus, Quecksilber dem Merkur und Silber dem Mond. Wer ein bißchen die Systeme der Astrologie kennt, sieht sofort eine Übereinstimmung der Alchimie mit ihr. Zum Beispiel in der »heiligen Zahl« sieben.

Auch sonst lassen sich Übereinstimmungen finden. Ein wesentlicher Unterschied zwischen beiden besteht in ihrer Intention. Die Alchimie bemüht sich um die Erziehung des Menschengeschlechts, die Astrologie um das Schicksal des Einzelmenschen. Wen wundert es da noch, daß viele Humanisten neben ihren humanistischen Gedankenäußerungen der Alchimie und Astrologie ergeben waren?

Die Alchimisten des Mittelalters waren bestrebt, ein Geheimmittel zu entwickeln, mit dem unedle Metalle veredelbar würden. Dabei waren zwei Geheimmittel wesentlich. Das eine führte Namen wie: Stein der Weisen, roter Löwe, großes Elixier oder Magisterium oder einfach rote Tinktur. Dieses sollte nicht nur Metalle veredeln, sondern auch als Universalheilmittel Anwendung haben und das Leben verlängern können.

Das Gesamtunterfangen der Alchimisten des Mittelalters und der heutigen Zeit läßt sich in zwei Punkten markieren:

1. In Anwendung der theoretischen Alchimie sucht man nach dem Stein der Weisen;
2. in der mystischen Anwendung sucht man das Paradies zu finden und den Menschen durch Transmutation (Verklärung) zum Übermenschen werden zu lassen, in der Hoffnung, er könne so mit dem Göttlichen verschmelzen.

Der Name Rosenkreuzer bezieht sich auf die mystische Bedeutung von Rose und Kreuz. Das Kreuz symbolisiert das Leiden, die Freiheit und die Erlösung, die Rose hingegen die Herrlichkeit, die Liebe, die aufgegangene Selbsterkenntnis, die geistige Wiedergeburt. So versteht sich ein Rosenkreuzer auch als Wiedergeborener, als Erleuchteter. Entscheidend ist für den echten Rosenkreuzer der mystische Tod, das Eindringen in das Reich der Mystik, der Geheimwissenschaft – der Finsternis.

4. Bewertung: Wahrheitsfrage und Glaubenshaltung

Zieht man aus dem bisher Angedeuteten eine Summe, so erscheint das Endesche Weltbild auf vielfältige Weise okkult durchsetzt zu sein. Erkenntnis durch Magie, Erneuerung durch magische Phantasie, sind die wichtigsten Stützen dieses Weltbildes. Ganz entscheidend ist dabei, daß es sich rational kaum widerlegen läßt, da seine eigentlichen Voraussetzungen der Ratio unzugänglich sind. Das einzige, was intellektuell hier ausgerichtet werden kann, ist die Auswirkung dieser Anschauung im Leben des Menschen aufzuspüren. Macht Endes Weltsicht den Menschen wirklich frei, glücklich und friedlich? Kann er mit ihr seine Probleme zufriedenstellend lösen und dabei seinen ganz anders denkenden Nächsten berücksichtigen?

Daß von den dieses Weltbild tragenden Mächten Kräfte ausgehen, werden wir schnell feststellen können. Wie, wenn nicht rational, läßt sich das Endesche Weltbild der Magie, aus allen magischen Systemen schöpfend, überwinden, widerlegen? Eigentlich nur durch dieselbe Haltung, die auch Michael Ende einnahm, durch die Glaubenshaltung. Ausgehend von der Annahme, daß hinter der durch unsere Sinne wahrgenommenen Wirklichkeit die eigentliche Wirklichkeit liege, öffnete sich Ende für die okkulten Systeme. Rational lassen sie sich nicht begründen. Mit welcher zwingenden Notwendigkeit läßt sich zum Beispiel die Steinersche oder die kabbalistische Weltdeutung belegen? Wie kann man zwingend der kaum nachzuvollziehenden Seelenwanderung und gleichzeitigen -reinigung die Wahrhaftigkeit beilegen? Wenn man so weiter fragt, stößt man auf die Wahrheitsfrage. Selbst wenn Magier und Zauberer, Rosenkreuzer und Alchimisten ihre Lehren durch eigene Geisterfahrungen belegen, wer sagt uns, daß diese Geister wahr-sagen?

Zur Prüfung all dieser Fragen und damit auch zur Auseinandersetzung mit dem Endeschen Weltbild gibt es nur eine Möglichkeit: den Aussagen der Bibel über Gott und Mensch zuzuhören, ihnen zu glauben und sie in die eigene Lebenspraxis umzusetzen, um so ihre Wahrheit zu erfahren. Immerhin tritt die Bibel mit dem Anspruch auf Wahrheit ihrem Leser gegenüber. Jesus sagt: »Ich bin der Weg, die Wahrheit und das Leben . . .« (Joh. 14. 6). Diese Aussage ernst nehmend, leben wir gegen die Lügen der okkulten Systeme an, deren Erfinder der Vater der Lüge, Satan ist. Er weiß, was er sagt, wenn er dem Menschen die Kraft zur eigenen Wiedergeburt einredet, wenn er Gott und Welt, Mensch und Welt durch seine verwirrenden Systeme durcheinander bringt.

Die Bibel bezeugt auf ihren ersten Seiten, daß Gott die Welt geschaffen hat und mit ihr den Menschen. Ferner sagt sie ganz deutlich, daß der Mensch vor Gott ein Sünder ist. Gleichzeitig aber verweist sie auf den Ausweg aus der Sünde und Verlorenheit. »Denn also hat Gott die Welt geliebt, daß er seinen eingeborenen Sohn gab, auf daß alle, die an ihn glauben, nicht verloren gehen, sondern das ewige Leben haben« (Joh. 3, 16). Durch den Glauben an den Kreuzestod Jesu Christi auf Golgatha wird der Mensch gerettet, erhält er Sinn für sein Leben und den ursprünglichen Bezug zu seinem Gott.

Der Tod Jesu am Kreuz von Golgatha war kein gewöhnlicher Tod. Er wurde erlitten und durchkämpft von dem Sohne Gottes, von dem die Bibel bezeugt, daß er wahrer Mensch und wahrer Gott war. Hier am Kreuz von Golgatha wurde das Leben des Menschen durch den Sieg über Tod und Teufel errungen. All das, was in dem Endeschen Weltbild Bedeutung für Heil und Hoffnung haben soll, wurde vor fast 2000 Jahren vernichtet. Durchdenkt man diese Tatsache, so entlarvt sich das Weltanschauungssystem von Ende als überholt und mit dem Zeichen der Überwindung belegt. Daß es dennoch Millionen von Menschen in der verschlüsselten Form seiner Bücher als neuer Heilsweg angeboten wird, hängt einerseits mit dem Urheber und Förderer dieses Systems, dem Durcheinanderwerfer, zusammen und andererseits mit der Gott-losigkeit der Menschen. Sämtliche Mystik und Geheimlehre ist durch den Tod Jesu Christi widerlegt – sie lebt aber dennoch, weil nur derjenige sich auf den Sieg Jesu berufen kann, der diesen für sich ganz persönlich in Anspruch nimmt. Die Überwindung der von Michael Ende vorgetäuschten Heilung der Menschheit kann nur durch Jesus Christus geschehen. Glaube an die Macht des Diabolos oder Glaube an Jesus Christus geben den Weg zur Entscheidung frei, ob sich Ende auch noch so bemüht, die Leser auf seinen Weg zu locken. Intellektuelle werden weiter über ihn lachen, Glaubende jedoch ihm zustimmen oder vor ihm warnen, je nachdem, welcher Wahrheit sie folgen.

Neben dieser Konsequenz läßt sich noch eine weitere aufzeigen. Es macht einen gewaltigen Unterschied, wem man sich ausliefert – dem Teufel oder Gott. Bis heute lassen sich diese Entscheidungen für die Abseitsstehenden wie für die Entschiedenen genau beobachten. Untersucht man zum Beispiel die sich häufenden mysteriösen Todesursachen, etwa der Sekte um Mason oder um Jim Jones, so lassen sich grausame Selbstmorde und Beziehungen dieser Menschen zu okkulten Systemen aufdecken. Dies belegt auch die Lebensgeschichte so vieler Magier und Satanisten. Andererseits ist die Lebensgeschichte der Christen zu nennen, die Jesus nachfolgten. Über ihrem Leben ist der Sieg Jesu zu sehen. Sie durften für viele Nachgeborene und Zeitzeugen zum Segen werden (vgl. die verschiedensten Männer Gottes z. B. in der Erweckungsbewegung des 19. Jahrhunderts). So erinnert das Gott hingegebene und ihm folgende Leben des Friedrich von Bodelschwingh (1831–1910) durch die große diakonische Einrichtung Bethel bei Bielefeld noch heute daran (was Gott tun kann mit Menschen, die ihm dienen wollen). Hier ein Zeichen des Segens, des Heils, des Friedens, der Hilfe, dort – denken wir an die unsagbare Verwüstung durch Jim Jones, der viele seiner Anhänger in den Tod trieb, – Verwüstung, Verführung, Unglück, aussichtsloser, hoffnungsloser Tod. Wenn man jetzt einwendet, all dieses habe doch nichts mit Michael Ende zu tun, so mag dies auf den ersten Blick zutreffen. Die Saat geht aber schon auf, die seine Bücher mit ihrer magischen Formel ausgestreut haben: viele wenden sich der magischen Phantasie zu. Wo dies endet, wird bei jedem einzelnen festzustellen sein. Eines ist jedenfalls deutlich – der Weg über die Literatur von Ende führt nicht zur Quelle des Lebens, auch wenn Bastian angeblich vom Wasser des Lebens geheilt wieder in seine sinnlich wahrnehmbare Welt zurückkehrt. Denn der Gott der Bibel allein ist die Quelle des Lebens.

»Denn bei dir ist die Quelle des Lebens und in deinem Lichte sehen wir das Licht« (Ps. 36, 10).

Nach dieser kurzen kontrastierenden Zusammenfassung des Endeschen Weltbildes mit dem der Bibel, soll nun das Werk Endes genau analysiert werden. In seinem Leben und Denken fand sich Magie und Okkultismus. Für ihn angeblich eine Lebensmöglichkeit zur Überwindung der zunehmenden Lebensunmöglichkeit für die Menschheit, die vielfältigen globalen Problemen ausgesetzt ist. Prüfen wir also ferner seine einzelnen Lebensanalysen und verfolgen wir seine Lebenslösung: Heilung durch magische Phantasie.

II. Momo

Lange Zeit konnte man den Titel ›Momo‹ oft zusammen mit der ›Unendlichen Geschichte‹ auf Bestsellerlisten finden. Der große Erfolg der ›Unendlichen Geschichte‹ hatte auch ›Momo‹ mitgerissen. ›Momo‹, ein ›Märchen-Roman‹, an dem Ende lange gearbeitet hatte und der ihm 1974 den Deutschen Jugendbuchpreis einbrachte. Ist ›Momo‹ demnach vielleicht ein besonderes Meisterwerk deutscher Kinderbücher?

›Momo‹, ein Märchen, das die Zeit thematisiert – eine zeitkritische Studie in Märchenform vielleicht? Immerhin sah man bei großen Friedensdemonstrationen auch ›Momo‹ im Reisegepäck so mancher Teilnehmer verstaut.

Was ist ›Momo‹ für ein Buch – welchen Inhalt will dieser Titel vermitteln, worum geht es?

Ferner – mit welchem Anspruch wird der Leser konfrontiert, welche Antworten werden ihm für sein Leben gegeben? Schließlich – was läßt sich den im Märchenroman angebotenen Antworten entgegnen, wenn man mit ihnen nicht einverstanden sein sollte?

1. Momo – eine Erlöserfigur?

In einem einsam gelegenen, jedoch idyllisch ausgemalten alten, zu einer Ruine heruntergekommenen Amphitheater, in der Nähe einer großen Stadt, wohnt ein kleines Mädchen namens Momo. *»Sie war klein und ziemlich mager, so daß man beim besten Willen nicht erkennen konnte, ob sie erst acht oder schon zwölf Jahre alt war. Sie hatte einen wilden, pechschwarzen Lockenkopf, der so aussah, als ob er noch nie mit einem Kamm oder einer Schere in Berührung gekommen wäre. Sie hatte sehr große, wunderschöne und ebenfalls* *pechschwarze Augen und Füße von der gleichen Farbe, denn sie lief fast immer barfuß. (. . .) Ihr Rock war aus allerlei bunten Flicken zusammengenäht und reichte ihr bis auf die Fußknöchel. Darüber trug sie eine alte, viel zu weite Männerjacke, deren Ärmel an den Handgelenken umgekrempelt waren.«*[23]

Dieses ungewöhnliche, schon in der äußeren Erscheinung auffallende kleine Mädchen wirkte auf seine Umgebung anziehend – sie konnte anderen zuhören. Sie praktizierte dies mit einer derartigen Intensität, so daß sogar dummen Leuten *»plötzlich sehr gescheite Gedanken kamen.«*[24] Ihre besondere Gabe sprach sich schnell in der ihrem Wohnort nahegelegenen Stadt herum. Man forderte sich gegenseitig auf, wenn man Probleme hatte, indem man sich zusprach: *»Geh doch zu Momo!«*[25] So wurde Momo zum menschlichen Mittelpunkt der nahegelegenen Siedlung für die beschäftigten und sich kaum gegenseitig zuhörenden Menschen. Durch Momo können aufgekommener Kummer gelindert, entstandener Streit geschlichtet und phantasielose Spiele durch ideenreiche, selbsterfundene ersetzt werden. Selbst dem Schwätzer ›Gigi Fremdenführer‹ fallen in der Gegenwart von Momo poetische Geschichten ein.

Diese Heile-Welt-Stimmung wird jedoch jäh durchbrochen, als die ›grauen Männer‹ auf der Bildfläche erscheinen. Sie stellen sich vor als Vertreter einer Sparkasse, die den Menschen als Dienstleistung das Zeitsparen anbietet. Daß sich hinter diesem Angebot, auf das nach und nach fast alle Menschen der Siedlung eingehen, ein Betrug verbirgt, merken sie erst, als es schon zu spät ist. Denn sie kommen alle in einen Kreislauf, der von Hektik bestimmt wird und Eifersucht und Gewinnstreben auslöst. So stehlen die grauen Männer den Menschen die Zeit mit dem Vorwand, die an sie abgegebene Zeit für ihre Kunden zu bewahren. Fast alle fallen auf diesen Betrug herein, außer Momo. Mit ihr geben sich die Männer von der Zeitsparkasse besondere Mühe. Nach einem ersten, fehlgeschlagenen Versuch ködern sie Momo mit verlockenden Geschenken – doch vergeblich, Momo bleibt von alledem unberührt. Diese Haltung läßt die Zeitdiebe nach Möglichkeiten suchen, Momo unschädlich zu machen. Ist sie für ihr Vorhaben doch eine Gefahr, da sie den übrigen Menschen der Siedlung durch ihre Standfestigkeit wieder zu einem Leben der Ruhe und Zeit verhelfen könnte. So planen die Zeitdiebe die Gefangennahme Momos. Im Augenblick höchster Bedrängnis, als die Zeitdiebe schon in ihrer unmittelbaren Nähe sind, erreicht Momo eine Schildkröte. Als das Kind sie entdeckt, erscheint auf ihrem Panzer in schwach leuchtenden Buchstaben die Aufforderung: *»Komm mit!«*[26] So macht Momo sich auf den Weg, gejagt von den Zeitdieben folgt sie der Schildkröte. Der Weg, den sie nun zurücklegt, führt sie durch mysteriöse Straßen in ein geheimnisvolles Haus. Der Höhepunkt ist ihre Bekanntschaft mit ›Meister Secundus Minutus Hora‹. Von ihm erfährt sie die Bedeutung der Zeit für die Menschen, wird von ihm in die Welt der Stundenblumen geführt und schließlich beauftragt, die von den Zeitdieben gestohlenen Stundenblumen für die Menschen zurückzuholen. Mit diesem Auftrag wird Momo zum Retter einer Welt, der die Zeit abhanden gekommen ist. Während Meister Hora in einen tiefen Schlaf fällt und damit die Welt stillstehen läßt, macht sich Momo, mit einer Stundenblume ausgerüstet, auf den Weg zum Tresor der Zeitsparkasse, dem Depot der gestohlenen Zeit. Mit der Schildkröte unter dem Arm, der Stundenblume in der Hand, nimmt Momo den Kampf gegen das Heer der Zeitdiebe auf. Der Kampf ist dramatisch. Fast wäre Momo gescheitert – im letzten Moment gelingt es ihr aber dennoch, mit ihrer Stundenblume den Menschen die abhandengekommene Zeit wieder zurückzugeben.

2. Momo – die Retterin der Lebenszeit

Das kleine Mädchen Momo ist die entscheidende Person, die den Menschen ihrer näheren und ferneren Umgebung wieder neu zum Leben verhilft. Dies wird besonders durch die Lebensschilderung ihrer Freunde Beppo und Gigi deutlich, die vor der Begegnung mit Momo noch ganz anders lebten. Im vierten Kapitel des Buches werden dem Leser die Freunde Momos vorgestellt.

Beppo, ein alter Straßenkehrer, wohnte ganz in der Nähe des Amphitheaters, wo Momo ihre Wohnstätte hatte. Klein von Gestalt und ziemlich gebückt gehend, war er kaum größer als Momo. Die Leute dachten, er sei nicht ganz richtig im Kopf. Er hatte die Eigenart, auf an ihn gerichtete Fragen nur mit einem freundlichen Lächeln zu antworten, ansonsten schwieg er. Momo nahm sich für Beppo Zeit und wartete geduldig, bis dieser schließlich etwas sagte. Momo mochte ihn – die beiden freundeten sich an.

Girolano, der Gigi gerufen wurde, war ebenfalls ein Sonderling. Über ihn lachten die Leute, weil er Geschichten erzählte, die reine Produkte seiner Phantasie waren. Wieder ist es Momo, die für ihn Liebe und das wunderbare Zuhören aufbrachte.

Schließlich schloß sich zwischen diesen dreien ein enges Band der Freundschaft. Momo nahm die Randfiguren der ›Gesellschaft‹ ernst und verhalf ihnen damit zu einem glücklichen, sinnerfüllten Leben. An einer anderen Stelle des Buches liest man, wie Momo den Streit zweier sich durch Intrigen verfeindeter ehemaliger Freunde, Nicola und Nino, wieder schlichten kann. Durch Momos Eingreifen wird den beiden Kontrahenten die Sinnlosigkeit ihres Streits deutlich. Nun müssen sie über ihr Verhalten lachen. Im Text heißt es: *»Sie kletterten die steinernen Stufen herunter, trafen sich in der Mitte des grasbewachsenen runden Platzes, umarmten einander und klopften sich gegenseitig auf den Rücken. Dann nahmen sie beide Momo in den Arm und sagten: ›Vielen Dank!‹«*[27]

Ja, die Momo konnte zuhören! Den Menschen, aber auch den Tieren. Sie hörte allen zu, *»den Hunden und Katzen, den Grillen und Kröten, ja, sogar dem Regen und dem Wind in den Bäumen. Und alles sprach zu ihr auf seine Weise«*[28] – so Michael Ende.

In all den soeben geschilderten Situationen erscheint Momo wie ein Erlöser. Menschen, die nicht beachtet werden, finden bei ihr volle Anerkennung. Kinder, denen das Wie des Spielens durch kinderfremdes Spielzeug abhanden gekommen ist, lernen von Momo das rechte Spiel, kreativ und interessant. Selbst stumm gewordene Tiere erwachen in Momos Gegenwart zu neuer Vitalität. Bedenkt man Momos Wirkung für die ihr zugeordneten Figuren, so scheint sie die Erlösung von einem sinn- und freudlosen Leben zu symbolisieren. Dies wird ganz besonders deutlich, als sie den Kampf gegen die grauen Herren für die Menschen ihrer Umgebung aufnimmt und gewinnt.

Welches Kind, welcher Erwachsene kann sich bei einer so positiv geschilderten Hauptfigur wie Momo distanzieren? Angetan, tief beeindruckt von Momo, wird man von ihr angezogen – *»Geh doch zu Momo!«* – so spricht man sich gegenseitig zu, wenn man Probleme hat. Ja, Momo kann all das, was vielen Menschen der heutigen Zeit abhanden gekommen ist. Sie kann zuhören, sich Zeit für andere nehmen, sie kann Vertrauen zu sich selbst haben. Warum eigentlich? Woher hat Momo die Kraft zu all diesen ›Tugenden‹? Ist Momo eine Figur, die Übermenschliches vermag?

Momo taucht plötzlich auf. Ihre Eltern sind unbekannt, ihr Alter und ihr Name, den sie sich übrigens selbst gegeben hat, werden hingenommen. Zwischendurch erfährt der Leser, daß sie aus einem Kinderheim ausgerückt ist. Doch ihre geheimnisumwitterte Herkunft interessiert schon bald nicht mehr. Sie ist einfach da, und gibt ihrer Umgebung durch ihre positive Hilfe einen Sinn. All dies vermittelt bei kritischem Nachdenken den Eindruck, als sei Momo den Menschen zur Erlösung gesandt. Woher sie eigentlich kommt und wer ihre Eltern sind, spielt dabei keine Rolle. Wenn ihre Freunde sie durch den Eingriff der grauen Herren auch zeitweise vergessen, so bringt ihre große Rettungsaktion, der Kampf gegen die Zeitdiebe, sie ihnen doch wieder in Erinnerung.

Ähnlich wird es den Lesern gehen. Die durch Momo repräsentierten Tugenden werden für sie zu Maßstäben des Handelns, um in ihrer Welt, in ihrem Leben der Kälte und Unmenschlichkeit entgehen zu können.

Momo, so müssen wir aber auch festhalten, ist eine Figur aus dem Lebensentwurf ihres ›Vaters‹ Michael Ende. Sie hat Kontakt zu einer Welt, die unabhängig von der mit Sinnen wahrnehmbaren Welt liegt. Dies wird im Buch deutlich, als es darum geht, Momo dem Zugriff der Zeitdiebe zu entziehen. Plötzlich erscheint, wie aus heiterem Himmel, eine Schildkröte, auf deren Panzer die Rettungsbotschaft für Momo erscheint: *»Komm mit!«*

Wegen der langen Lebensdauer, die Schildkröten haben, sieht man in ihnen symbolische Gesundheit, Vitalität und Unsterblichkeit. Gleichzeitig bringt man sie deshalb innerhalb der Mythologie in Verbindung mit dämonischen Mächten. Bedenkt man diese symbolische Deutung, so wird deutlich, warum gerade eine Schildkröte dem lebensbedrohten Mädchen Momo zu Hilfe kommen kann. Besitzt sie Unsterblichkeit, so können ihr die Zeitdiebe nichts anhaben.

Momo, das Mädchen, das mit dem ganzen Kosmos reden kann, folgt einer Schildkröte, die sie zu dem Verwalter der Zeit bringt. Der Weg dorthin ist mystisch. Die sinnlich faßbare Wirklichkeit wird verlassen, Momo geht in die Welt der Geister, wo alles ganz anders ist. Ausgerüstet von Meister Hora mit einer Stundenblume, rettet sie die Menschen. Der Kampf Momos gegen die Zeitdiebe ist ein Kampf, den sie stellvertretend für Meister Hora führt, gegen die von der Zeit der Menschen lebenden grauen Herren. Ein Geisterkampf tut sich da plötzlich auf, der für die Menschen ohne mediale Fähigkeiten nicht verfolgt werden kann. Im Text heißt es, nachdem Momo die Erlösung vollbracht hatte: *»Aber viele Leute haben nie erfahren, wem das alles zu verdanken war und was in Wirklichkeit während jenes Augenblicks, der ihnen wie ein Wimpernschlag vorkam, geschehen ist.«*[29]

Momo, so können wir abschließend festhalten, ist eine Erlöserfigur, nach dem Strickmuster weißer Magie gezeichnet.

Halb Mensch, halb Geistwesen von irgendwo, stellt sie die Verbindung zwischen Diesseits und Jenseits der Wirklichkeit her. Dabei hat sie die Funktion, den Kampf der Geister um die Menschen positiv enden zu lassen. In ihrer Lebensrettung verbirgt sich der Hinweis, es ihr gleichzutun. Folgt man ihr, wird man wie sie zu den Wirkungen des Meisters Hora kommen.

Momo ist damit ein Wegweiser zu magischen Quellen, die angeblich Heil und Leben bringen. Momo ist aber auch gleichzeitig im Werk Michael Endes der Einstieg in das Reich der weißen Magie, die lediglich die Kehrseite der Medaille der schwarzen Magie ist.

Momo, ein Beispiel, dem viele folgen und folgen sollten. Die ›Unendliche Geschichte‹ zeigt als Folgeroman, wohin die Reise geht. Beide haben die Aufgabe, das Heil aus magischer Phantasie einer Welt zu verkünden, deren Kälte, sinnbildlich durch die Zeitdiebe ausgelöst, für viele Leser nachzuvollziehen ist. Warum dann nicht folgen?

Wir sehen schon hier, wie auf ganz subtile Weise Werbung für die weiße Magie durch Michael Ende gemacht wird. Nur konsequent wendet er sein entsprechendes Weltbild an und entwirft auf dessen Hintergrund Heilungskonzepte für die verlorene Welt und ihre Menschen.

An dieser Stelle lohnt sicher die Überlegung, sich einmal zu fragen, warum viele Christen dies Michael Ende nicht abspüren. Wie können sie Momo folgen, die unter Einfluß von Geistwesen doch letztlich nur so sein kann, wie sie ist? Die Antwort hierauf liegt in dem Lebensbezug der Christen zu Christus. Kennen sie ihren Herrn, dessen Namen sie tragen? Wissen sie, was er zu ihren Lebensproblemen sagt? Haben sie begriffen, daß die Kälte in ihrer Welt überwunden würde, wenn sie konsequenter in der Nachfolge Jesu stünden?

Doch da die Herausforderung der Momo wohl nur von wenigen erkannt wurde, konnte die ›Unendliche Geschichte‹ ihren Siegeszug antreten. In ihrem Sog ist Momo bald vergessen und mit ihr die weiße Magie überwunden. Die Heeresfahne trägt seitdem die schwarze Magie. Das Heil aus magischen

Phantasien ist damit auf dem Siegeszug. Land für Land wird von ihm erobert – viele Christen, verfolgt man die Lobreden auf die ›Unendliche Geschichte‹ in Zeitschriften wie ›Die Gemeinde‹, ›Pack's!‹ und ›Punkt‹[30], sind begeistert. Merkt man nicht, daß man sich damit in den Siegeszug der schwarzen Magie eingereiht hat und so seinen Herrn verleugnet?

Neben Momo sind die grauen Herren und Meister Hora zentrale Handlungsträger in dem Märchenroman ›Momo‹. Schauen wir sie einmal genauer an, um den Kampf der Geister besser verstehen zu können. Letztlich wird vor diesem Hintergrund die eben beschriebene Rolle der Momo noch deutlicher.

3. Der Kampf um die Zeit

Um die beiden kämpfenden Parteien in ›Momo‹ genau in ihrem Vorgehen beurteilen zu können, ist es wichtig, sie zu kennen. Die Vorstellung der grauen Männer, der Zeitdiebe, und des alten Meister Hora soll daher in enger Textanbindung geschehen.

Der zweite Teil von ›Momo‹ ist überschrieben mit ›Die Grauen Herren‹. Entsprechend beginnt hier innerhalb des Märchenromans ihre Vorstellung und Wirkungsweise.

Bevor jene Wesen charakterisiert werden, heißt es: *» . . . Zeit ist Leben. Und das Leben wohnt im Herzen.«*[31] Diese Lebensweisheit ist den grauen Herren bekannt. Sie ist ihnen gleichsam zur Maxime ihres Handelns geworden. Unauffällig, mit der größten Bedachtsamkeit darauf aus, daß niemand ihr Werk durchschaut, gehen die grauen Herren, die Verschwörung der schwarzen, kalten Geister, an die Arbeit. Ihnen sind auch die Menschen bekannt, bei denen sie die Zeit und damit ihr Leben holen können. Der Märchenroman läßt zuerst den Friseur Fusi in das Machwerk der Zeitdiebe geraten. Er ist ein Mann, der an dem Sinn seines Lebens ins Zweifeln kam. *»Mein ganzes Leben ist verfehlt«*, dachte er. *»Wer bin ich schon?«*[32] Diese Unsicherheit ausnutzend, wird er von einem

Zeitdieb aufgesucht und von diesem unter Vertrag genommen. Erst einmal in ihren Händen, war er ein Gefangener ihrer Absichten. Bezeichnend für die Vertreter der Zeitsparkasse war die Kälte, die sie bei ihrem Erscheinen verbreiteten. Dabei rauchen diese Herren graue Zigarren, hergestellt aus der Lebenszeit der Menschen. Ihr Leben besteht also letztlich aus der Zeit der ihnen ausgelieferten Menschen. Denn wenn ihnen diese ausgehen, verfallen sie ins Nichts, lösen sich auf und werden für die sichtbare Welt unsichtbar. Eine solche Auflösung von Materie wird während einer Gerichtsverhandlung auf einer Müllhalde geschildert. Ein Zeitdieb wird von seinen Kollegen zur Verantwortung gezogen, weil er sein wahres Sein Momo gegenüber ausgeplaudert hatte. Er teilte dieser mit: *»Wir müssen unerkannt bleiben, (. . .) niemand darf wissen, daß es uns gibt und was wir tun . . . Wir sorgen dafür, daß kein Mensch uns im Gedächtnis behalten kann . . . Nur solang wir unerkannt sind, können wir unserem Geschäft nachgehen . . . ein mühseliges Geschäft, den Menschen ihre Lebenszeit stunden-, minuten- und sekundenweise abzuzapfen . . . denn alle Zeit, die sie einsparen, ist für sie verloren . . . Wir reißen sie an uns . . . wir speichern sie auf . . . wir brauchen sie . . . uns hungert danach . . . Ah, ihr wißt es nicht, was das ist, eure Zeit! . . . Aber wir, wir wissen es und saugen euch aus bis auf die Knochen . . . Und wir brauchen mehr . . . immer mehr . . . denn auch wir werden mehr . . . immer mehr . . . immer mehr . . .«*[33] Mit dieser Offenbarung war die Gefahr für die grauen Herren angebrochen, bekämpft, entlarvt werden zu können. Vergleicht man die hier erwähnten Verhaltensweisen dieser Wesen, so erscheinen leibhaftige Dämonen in der Gestalt der grauen Herren getarnt. Wie diese, so müssen auch jene unerkannt bleiben. Denn jede Offenbarung ihrer Wesensart ermöglicht dem Menschen, sich willentlich von diesen trennen zu können.

Hinter ihren Namen verbergen sich die Dämonen, die das Leben der Menschen für sich benötigen, um selbst einigermaßen ungestört ihre Existenz fristen zu können. Durch die exakte Schilderung der grauen Herren weist sich Ende als wahrer Kenner der finsteren Mächte und ihrer Seinsweise aus. Repräsentieren sie fürs erste oberflächliche Lesen der ›Momo‹ dem Leser noch das Prinzip des Bösen, so entlarven sie sich bei genauer Textlektüre als handfeste Dämonen. Demnach ist das Gericht der grauen Herren über einen der ihren auch zu verstehen als ein Gericht der Teufel untereinander. Schauen wir uns dies an, um einmal ihre Entmaterialisation im Roman zu sehen und zum anderen in ihrer Auflösung ins Nichts, die Verurteilung zu veranschaulichen. Beppo Straßenkehrer, der zufällig die Gerichtsverhandlung der grauen Herren, wenn auch unbeabsichtigt mitbekommt, fährt ein Schaudern durch die Glieder.

»Das Urteil über Agent BLW/553/c lautet einstimmig: Der Angeklagte wird des Hochverrats für schuldig befunden (weil er sein wahres Sein auch Momo offenbarte, der Verf.) Er hat seine Schuld selbst eingestanden. Unser Gesetz schreibt vor, daß ihm zur Strafe unverzüglich jegliche Zeit entzogen wird.

›Gnade! Gnade!‹ schrie der Angeklagte auf. Aber schon hatten ihm zwei andere graue Herren, die neben ihm standen, die bleigraue Aktentasche (in der sich die kleinen grauen Zigarren, gefertigt aus Lebenszeit, befanden, der Verf.) und die kleine Zigarre entrissen. Und nun geschah etwas Sonderbares. Im selben Augenblick, wo der Verurteilte die Zigarre nicht mehr hatte, begann er rasch immer durchsichtiger und durchsichtiger zu werden. Auch sein Geschrei wurde dünner und leiser. So stand er da, hielt sich die Hände vors Gesicht und löste sich buchstäblich in Nichts auf. Ganz zuletzt war es, als ob der Wind noch ein paar Aschenflöckchen im Kreis herumwirbelte, dann waren auch diese verschwunden. (. . .) Beppo Straßenkehrer saß noch immer reglos auf seinem Platz und starrte auf die Stelle, wo der Angeklagte verschwunden war. Ihm war, als sei er zu Eis gefroren und taue nun langsam wieder auf. Jetzt wußte er aus eigener Anschauung, daß es die grauen Herren gab.«[34]

In den grauen Herren erscheinen die Dämonen aus dem

Reich der Finsternis. Bei Ende trägt es immer den Namen des Nichts. Dieses Synonym dient der Verschleierung des sich eigentlich hinter dem angeblichen Nichts verbergenden Reich der Teufel und Dämonen. Geschickt eingefädelt, kann es sich so in den Gedanken und Herzen der Menschen einnisten. Es muß so erscheinen, denn wenn es erkannt wird, kann es abgelehnt und bekämpft werden. Ein Nichts aber, das den Anschein der Nichtexistenz vermittelt, kann nicht bewältigt werden, da es ja eigentlich nicht vorhanden ist.[35]

Unerkannt zu bleiben und dabei höchst wirksam den Menschen das Leben zu nehmen, um dadurch selbst existieren zu können, sind das Wesen und die Handlungsmotive der grauen Herren. Diese blasen zum Kampf gegen Momo, als sie mitbekommen, daß jene von der Schildkröte geleitet, auf dem Weg zu Meister Hora ist. Der Kampf ›schwarz‹ gegen ›weiß‹ beginnt. Wir kennen nun schon den Ausgang dieses Kampfes. ›Weiß‹ siegte. Siegte mit ihm auch wirklich das wahre Gute, die Gerechtigkeit, das wahre Leben?

Meister Hora wird vorgestellt als ein zierlicher, alter Herr mit silberweißem Haar. Schon in seinem Namen klingt seine ihm vom Autor zugedachte Funktion und Aufgabe an. So sagt Ende auch treffend: ›Meister Secundus Minutus Hora‹, das heißt, Meister der Sekunden, Minuten und Stunden. Meister Hora, also der Meister der Zeit, der die Zeit einteilt und verteilt. Für die Kinder klingt dies märchenhaft schön. Die Frage, woher die Zeit kommt, ist ihnen damit in phantastischer Weise beantwortet. Doch über diese Namenbedeutung führt Ende, der sie zunächst bestätigt, durch die Frage der Momo an Meister Hora: ›Bist du der Tod?‹, hinaus. Entziffert man den Namen Hora nach der kabbalistischen Buchstabenmystik, so findet man heraus, daß Hora schon seinem Namen nach die Aufgabe hat, den Zeitpunkt des Todes für die Menschen zu bestimmen. Anders formuliert könnte man sagen, er hat die Funktion, die Lebenszeit der Menschen zu verteilen. Für diese Handlung sind ihm die Menschen schließlich zur Dankbarkeit verpflichtet.[36]

Meister Hora beweist schon gleich nach der ersten Begegnung Momo seine Zauberkünste. Ein Schnippen mit dem Finger läßt ihn von jetzt auf gleich in einem anderen Erscheinungsbild vor Momo treten. Er verändert solange seine Kleidung, bis er Momo so erscheint, wie diese ihn am liebsten sieht. Sein ›Nirgend-Haus‹, in dem er wohnt, verläßt er nie. Von Momo gefragt, ob er sich denn nicht vor den grauen Herren fürchte, bleibt ihm nur ein Lächeln. Durch seine ›All-sicht-Brille‹ kann er jederzeit alles und jeden sehen. Damit ist er allwissend, überall und zu jeder Zeit, wenn er will, über alles und jedes informiert. Von Hora erfährt Momo unter anderem auch noch mehr über die grauen Herren. Hora sagte zu Momo: *»›Du weißt ja, daß sie von der Lebenszeit der Menschen existieren. Aber diese Zeit stirbt buchstäblich, wenn sie von ihrem wahren Eigentümer losgerissen wird. Denn jeder Mensch hat seine Zeit. Und nur so lang sie wirklich die seine ist, bleibt sie lebendig.‹*

›Dann sind die grauen Herren also gar keine Menschen?‹

›Nein, sie haben nur Menschengestalt angenommen.‹

›Aber was sind sie dann?‹

›In Wirklichkeit sind sie nichts.‹

›Und wo kommen sie her?‹

›Sie entstehen, weil die Menschen ihnen die Möglichkeit geben, zu entstehen. Das genügt schon, damit es geschieht. Und nun geben die Menschen ihnen auch noch die Möglichkeit, sie zu beherrschen. Und auch das genügt, damit es geschehen kann.‹

›Und wenn sie keine Zeit mehr stehlen können?‹

›Dann müßten sie ins Nichts zurück, aus dem sie gekommen sind.‹«[37]

Im Text wird weiter geschildert, wie Hora sich Momo gegenüber offen zu erkennen gibt.

Von ihm, aus seinem Haus, dem ›Nirgend-Haus‹, kommt die Zeit aller Menschen. Er ist der Verwalter der Zeit.

Von Momo gefragt, ob er dann auch der Tod sei, antwortet Hora: *»Wenn die Menschen wüßten, was der Tod ist, dann* *hätten sie keine Angst mehr vor ihm. Und wenn sie keine Angst mehr vor ihm hätten, dann könnte niemand ihnen mehr die Lebenszeit stehlen.«*[38] In Horas Antwort erscheint der Tod als ein die Menschen liebender Vater. Jetzt wird deutlich, wie diese Bemerkung zu der mystischen Wortbedeutung von Hora paßt. Seine Selbstdarstellung läßt Momo aufhorchen. Gleich will sie ihre neue Erkenntnis allen Menschen sagen. Doch schnell meldet Meister Hora Bedenken an. Die Menschen würden nicht auf Momo hören. In der Tat, damit hat Hora wahr gesprochen. Ist doch der Tod für die Menschen von der Stunde ihrer Geburt an derjenige, der sie auf jeden Fall irgendwann einholt und ihr Leben beendet. Der Tod wird von Hora glorifiziert, statt als Bedrohung angenommen. Die Menschen haben angeblich falsche Vorstellungen von ihm. Zur vollen Überzeugung zeigt Hora Momo anschließend den Ort, woher die Zeit kommt. Ende beschreibt diesen Ort in mystisch herrlicher Weise.[39]

Ist Meister Hora ein guter Geist? Was gibt uns eigentlich das Recht, in ihm nichts anderes als den Wolf im Schafspelz zu sehen?

Der Grund für diese Annahme liegt in der Wahrhaftigkeit seiner Person und der damit verbundenen Aussagen. Hora, die Figur des Todes, die die Lebenszeit der Menschen verteilt, schenkt den Menschen durch Momo, mit seiner Unterstützung durch die Stundenblume und die Schildkröte Kassiopeia, im Kampf gegen die grauen Herren den Sieg und damit das Leben. Entgegen jeder Erfahrung wird der Tod zum Lebensretter, der Lebensräuber zum Lebensgeber. Zunächst scheint die Fabel der Geschichte märchenhaft schön. Das Böse wird von dem Guten besiegt. Doch schon bei näherer Prüfung des Wie entstehen Zweifel. Dennoch – der Sieg gegen die grauen Herren wird durch Horas Eingreifen und Unterstützung geschaffen. Ja, dies ist für den Märchen-Roman zutreffend. Doch stellt sich heraus, daß die weiße Magie die grauen Herren, die Teufel, besiegt. Dabei verstellt sich der Teufel, nimmt die Gestalt der kleinen Momo und des lieben, greisen

Hora an, um angeblich gegen sich selbst zu kämpfen. Hier wird der Teufel durch Beelzebub ›ausgetrieben‹.

Mit diesem Interpretationsergebnis liegt das Dilemma der Heilung durch magische Phantasien offen vor. Sie sind schon in Momo Vortäuschungen falscher Tatsachen, bleibt doch für die Menschen alles beim alten. Von den grauen Herren, die sie um ihre Zeit, um ihr Leben betrogen, sind sie durch Momo befreit. Diese Freiheit führt sie aber nicht in den alleinigen Besitz ihrer Zeit, ihres Lebens, sondern bringt sie zurück in die Hand des Todes.

4. Ende mißverstanden?

Moment mal –, warum wird eigentlich vor den guten Lösungen Endes gewarnt? ›Momo‹, so ist bei vielen seiner Leser oft der erste Eindruck, zeigt auf wunde Punkte heutigen Lebens hin. Wer hat schon Zeit? Zeit zur Aussprache, wenn zwischenmenschliche Probleme sich festgesetzt haben; Zeit zum Hören auf das, was in der Welt alles abläuft; Zeit zu der Überlegung, wie man sein Leben sinnvoller gestalten könnte. Nein, Zeit hat keiner so recht, schon gar nicht, wenn es um Kinder, Freunde und Ehepartner geht. Die Folgen dieser Probleme werden bei Ende doch kritisch angesprochen – so möchte man mir vorhalten.

Gewiß, das siebte Kapitel der ›Momo‹ ist voll von Beispielen hierfür: Geschichten werden kaum mehr erzählt, weil keiner Zeit findet, weder zum Erzählen, noch zum Zuhören. Kinder spielen mit Spielsachen, die alles andere als kindgemäß sind (›ferngesteuerter Tank‹, ›Weltraumrakete‹, ›kleiner Roboter‹[40]). Was man aus ein paar Schachteln, einem zerrissenen Tischtuch, einem Maulwurfshügel und einer Handvoll Steinchen alles für kreative Spiele machen kann, wird durch modernes Spielzeug verdrängt, das an die Stelle des Materials zu schöpferischem Spiel die Funktion von ›Beschäftigungstherapie‹ erfüllt. Haben Eltern keine Zeit mehr für ihre Kinder, weil ihre Zeit ›besetzt‹ ist, verarmt die Beziehung der Kinder zu ihren Eltern. Schließlich gibt es viele ›Schlüsselkinder‹ in der heutigen, von der Hektik und dem Streß geplagten Zeit.

All die soeben erwähnten Dinge wirken sicher beim ersten Lesen der ›Momo‹ im Sinne einer Gesellschaftskritik, der Ende mit seiner wenig heroischen Heldin Momo ein Beispiel entgegensetzt, mit dem er zeigt, wie man sich anders verhalten könne. Ganz selbstverständlich scheint es dann, wenn die Kinder um Momo und ihre Freunde zu einem gewaltigen Protest gegen die Hektik der Eltern, gegen ihr ›Keine-Zeit-haben‹ aufbrechen. Schließlich sind sie es doch, die am ehesten zu kurz kommen, wenn die Eltern nicht für sie da sind.

Neben dieser durchaus berechtigten Gesellschaftskritik scheint die Lösung verlockend: Zuhören, Zeitnehmen! Denn durch Zuhören, so scheint Ende vermitteln zu wollen, entdeckt man Lebensinhalte und durch Zeitnehmen die Möglichkeit, die entdeckten Inhalte zu leben.

Momo ist damit die Funktion im Märchenroman zugeschrieben, dies exemplarisch, beispielhaft vorzuleben. Jetzt aber, genau an diesen Stellen, verschieben sich im Text die Erzählebenen, die auf diesen entscheidenden inhaltlichen Sachverhalt vorbereitet, ständig ineinander übergehen. Realität, die im Sinne der von Ende angesprochenen Gesellschaftskritik sichtbar ist, wird von einer Wirklichkeit überzogen, die aus dem ›magischen Reich‹ kommend, die sinnlich wahrnehmbare Wirklichkeit überschattet. Nichts ahnend, werden Momo und ihre beiden Freunde, Beppo und Gigi, von diesem Reich überrascht werden. Ende kündigt dies in der Form einer Vorausdeutung auf kommendes Geschehen schon recht früh in seinem Märchenroman an. Auf Seite 41 ist zu lesen: *»Keiner von den dreien ahnte, daß schon bald ein Schatten über ihre Freundschaft fallen würde. Und nicht nur über ihre Freundschaft, sondern über die ganze Gegend – ein Schatten, der wuchs und wuchs und sich schon jetzt, dunkel und kalt, über die große Stadt ausbreitete.«* Die grauen Herren, ihre Charakterisierung besprachen wir eingehend, die Schildkröte, Meister

Hora und die Stundenblume, sind Elemente des magischen Reiches, die mit der Wirklichkeit unserer Welt, in der die Momo, wenn auch etwas sonderbar anmutend, ja doch auch lebt, nichts gemein haben.

Unsere Interpretation zeigte, wie die Ebene des Märchens, stellvertretend für die Wirklichkeit hinter der Wirklichkeit, in die Realität einbricht und auf diese Einfluß ausübt. Warum, so wäre zu fragen, benutzte Ende diese Ebene, hätte er doch auch auf andere Weise Probleme der heutigen Industriegesellschaft und ihrer Menschen einer Lösung nahebringen können. Oder nicht?

Ende, so ist meine Überzeugung, benutzte aktuelle Fragen und Probleme der Menschen von heute, um durch ihre Problematisierung ein Bewußtsein für die Zerstörung zu schaffen, die von ihnen ausgeht. Jeder stimmt ihm sicher vorbehaltlos zu, daß die Menschheit unter einer enormen Zeitknappheit zu leiden hat. Warum sie dies tut, hat verschiedenste Gründe. Neben dem von Ende erwähnten Sinnverlust und dem falschen Zeitverhalten, stehen die Grundübel des Menschen: Egoismus, Machtgier und Herrschsucht. Aus ihnen folgt Rücksichtslosigkeit, Unterdrückung und Gewaltherrschaft. Daß sich all dies in einem Zeitverhalten ausdrücken läßt, wie es Ende beschrieben hat, ist verständlich. Ende begegnet dem Problem, indem er, wie ich ausführte, magische Elemente und Wirkungen heranzieht. Seine Heldin, seine Erlöserfigur, kann in Kontakt mit der Wirklichkeit hinter der Wirklichkeit treten. Wie diese, so sollen jene, die in vergleichbare Schwierigkeiten geraten, ihre Probleme lösen. Der Weg führt sie dann zunächst zu sich selbst. Sie werden hinabsteigen zu den tiefen Schichten ihrer Seele. Meister Hora zeigte Momo die Zeit, ihre Zeit: *»›Was du gesehen und gehört hast, Momo‹, antwortete Meister Hora, ›das war nicht die Zeit aller Menschen. Es war nur deine eigene Zeit. In jedem Menschen gibt es diesen Ort, an dem du eben warst. Aber dort hinkommen kann nur, wer sich von mir tragen läßt. Und mit gewöhnlichen Augen kann man ihn nicht sehen.‹ ›Aber wo war ich denn?‹ ›In deinem* *eigenen Herzen‹, sagte Meister Hora und strich ihr sanft über ihr struppiges Haar.«*[41]

Wie bei Momo zu sehen ist, schafft man diesen Weg nicht alleine. Entsprechend Endes Überzeugung muß man mit ›Leib und Seele eintauchen‹ in das Reich, von dem Ende seine und die der Menschheit im ganzen so dringend benötigte Hilfe kommen sieht. In der ›Unendlichen Geschichte‹ nimmt Bastian denselben Weg, wenn auch aus anderen Gründen. Hermann Hesse (1877–1962) waren diese Zusammenhänge ebenfalls bekannt. So schrieb er: »Das ist Magie: Außen und Innen vertauschen, nicht aus Zwang, nicht leidend, sondern frei, wollend. Rufe Vergangenheit, rufe Zukunft herbei: beide sind in dir! Du bist bis heute der Sklave deines Innern gewesen. Lerne sein Herr sein. Das ist Magie.«[42]

Ende mißverstanden? Ja, wenn man nur seine Gesellschaftskritik betrachtet, die den Teil von Momo bestimmt, wo unmittelbar, romanhaft, bezug zur heutigen Gesellschaft und ihren Problemen genommen wird.

Ende gegen den Strich gelesen? Nein, denn die Märchenebene, die Einblicke in die Wirklichkeit hinter der Wirklichkeit gibt, ist für Ende unerläßlich, weil sie die Hilfe bietet, ohne die für ihn die Probleme der unmittelbar wahrzunehmenden Wirklichkeit nicht zu lösen sind.

Bleibt ›Momo‹ in dieser Intention Endes noch ziemlich versteckt, so wird die ›Unendliche Geschichte‹ diese ganz offensichtlich werden lassen.

5. Bewertung:

a) Der Tod als Feind des Menschen

Wie wir soeben sahen, erscheint bei Endes Momo der Tod als der Verwalter der Lebenszeit. Meister Hora wird durch seinen Kontakt mit Momo indirekt und Momo selbst, ganz direkt, zum Retter der Leben verlierenden Menschen. All diese Aussagen erweisen sich aber bei genauer Prüfung als falsch. Der Tod ist immer eine Bedrohung für die Menschen gewesen. Dies scheint sich auch heute nicht zu ändern.

Durch den Tod endet das Menschenleben in seiner physischen, psychischen, geistigen und damit für andere nachzuvollziehenden Weise. Der Tod als Verteiler der Lebenszeit, ja, als Retter und Erhalter der Zeit, ist bei Ende aus den mystischen Systemen entstanden, die ihm die Figuren für seine Romane und deren Handlungsintentionen lieferten. In diesen Systemen wird die Wahrheit Gottes und die Existentialität des Menschen durch willkürliche Setzungen, vermischt mit Lügen, beliebig vertauscht. So nimmt es nicht Wunder, daß sogar der Tod, der in der Bibel zum Beispiel als eine personenhaft wirkende Macht (Ruth 1, 17; Psalm 18, 5–7) beschrieben wird, die in ihrem Besitzergreifen über Mensch oder Tier diesen ihre Lebenszeit abschneidet, sich in sein Gegenteil verwandeln kann. Ohne daß es die meisten Endeleser registrieren, glauben sie einem destruktiven Wesen, weil es in einer ganz anderen Gestalt vor ihnen erscheint. So wie sich Meister Hora durch Fingerschnippen der Momo in verschiedenen Kostümen zeigte, so zeigt er sich dem Leser durch Verzauberung als der liebenswürdige, die Menschen umsorgende alte Mann, obwohl er doch an ihr Leben will. Kann er seine Absicht nicht viel besser erreichen, wenn die Menschen ihm huldigen, ihm danken, statt nach Möglichkeiten Ausschau zu halten, wie sie ihm entfliehen können?

Um die von Ende entfaltete Verdrehung der wahren Intention des Todes –: *»›Bist du der Tod?‹ Meister Hora lächelte und schwieg eine Weile, ehe er antwortete: ›Wenn alle Menschen wüßten, was der Tod ist, dann hätten sie keine Angst mehr vor ihm. Und wenn sie keine Angst mehr vor ihm hätten, dann könnte niemand ihnen mehr die Lebenszeit stehlen!‹«*[43] – wieder zurecht zu stellen, informieren wir uns über den Tod.

Der Tod, wir deuteten es schon an, ist im üblichen Sinn der Augenblick, in dem das Sterben eines Menschen seinem Leben ein Ende setzt. Alle Organtätigkeit, alles Bewußtsein hört auf. Der Atem steht still, der Leib erkaltet und beginnt zu verwesen. Neben dieser physisch-medizinischen Beschreibung des Todes erscheint der Tod dem Menschen aber als eine personhafte gottwidrige Macht. Als Feind des Lebens bedroht er das Leben der Menschen. Er reißt sie heraus aus ihren Lebensbeziehungen. Seine Macht ist vom ersten Menschen her bekannt und berührt seitdem jeden Menschen, der je die Erde gesehen hat. Im Römerbrief heißt es: »Gleichwohl herrschte der Tod von Adam an« (Röm. 5, 11). Diese Tatsache wird wohl von keinem in Abrede gestellt, der realistisch die ihn umgebende Welt wahrnimmt.

Die Bibel bezeichnet den Tod als Folge der Sünde, als Folge des Abfalls des Menschen von seinem Schöpfer. »Derhalben, wie durch einen Menschen die Sünde ist in die Welt gekommen und der Tod durch die Sünde, so ist der Tod zu allen Menschen durchgedrungen, weil sie alle gesündigt haben« (Röm. 5, 12; 6, 23). Menschen, die Gott mißachten und seine Gebote mit Füßen treten, ja, über ihn spotten und sich dabei weise und intelligent dünken, stehen in dieser Haltung unter der Herrschaft des Todes (vgl. Röm. 6, 16; 8, 6; 1. Kor. 15, 56; Joh. 1, 15; Hebr. 2, 14f.).

Der Mensch, der als Sünder geboren und damit dem Tod ausgeliefert lebt, ist von Gott vor die Wahl gestellt, sich für Tod oder Leben zu entscheiden.

Nach dem Neuen Testament wird diese Entscheidung durch das Evangelium, durch die frohe Botschaft vom Sieg Jesu am Kreuz von Golgatha, verbreitet und ermöglicht. Die Entscheidung beinhaltet einerseits die persönliche Sündenerkenntnis im Angesicht des lebendigen und heiligen Gottes und die Umkehr vom eigenen, egoistisch gesteuerten Lebensbezug, zu einem Leben in der Nachfolge Jesu Christi. Dies unter Berufung auf Jesu Sterben und im Glauben an Gottes Wort. Dann wird wahr, was Jesus sagt: »Wer mein Wort hört und glaubet dem, der mich gesandt hat, der hat das ewige Leben und kommt nicht in das Gericht, sondern ist vom Tode zum Leben hindurchgedrungen« (Joh. 5, 24). Damit bezieht er sich in seiner Entscheidung auf Jesus, wodurch er ewiges Leben und Todesüberwindung erfahren darf. In 2. Timotheus 1, 10 wird dies so zusammengefaßt: » . . . Jesus Christus, welcher hat dem Tode die Macht genommen und das Leben und ein unvergängliches Wesen ans Licht gebracht durch das Evangelium.« Jesus besiegte den Tod und nahm durch diesen Sieg für alle, die an ihn glauben, die Furcht vor dem Tod und die Macht des Todes über sie.

Die Entscheidung kann aber andererseits auch das Angebot Gottes ausschlagen. Dann muß der Mensch auf seine Weise mit seinem Tod fertig werden. Dies kann er dann nach dem Beispiel ›Momo‹ machen, indem er mit dem Tod spielerisch umgeht, oder nach dem Muster der Materialisten, die die Existenz des Todes als solche verneinen. Wie er sich auch entscheiden mag, er kann auf jeden Fall damit rechnen, daß er mit seinem eigenen Tod die Bestätigung seines Glaubens erhalten wird.

Nach dem Zeugnis der Bibel ist die widergöttliche Macht des Todes besiegt. Es geht sogar so weit, daß sie am Ende der Zeiten nicht mehr sein wird. » . . . und Gott wird abwischen alle Tränen von ihren Augen, und der Tod wird nicht mehr sein, . . .« (Offb. 21, 4).

Nach diesen Ausführungen erscheint Endes ›Momo‹ geradezu eine neue Wahrheit über Leben und Tod des Menschen zu sein. Für viele Leser ist dies sicher so. Da die Wahrheit der Bibel (und die Bibel selbst) durch unglaubwürdige Theologie und ebenso unglaubwürdiges Christenleben heute vielen als Märchenbuch, als Mythen- und Legendenschatz der Völker, als Sammelkasten für die Traumbilder der Menschheit erscheint, ist es für viele auch legitim, anderen Märchen und Mythen nachzusinnen. Die Botschaft der ›Momo‹, zu der man gehen soll, wenn man Probleme hat, wenn einem die Lebenszeit, das Leben abhanden gekommen ist, wird erst dann als Irrweg erkennbar, wenn ihr eine glaubhafte und lebbare Alternative entgegengestellt werden kann, wie sie in der Bibel vorhanden ist.

Nach der Fabel der Geschichte bringt Momo Leben für am Leben verkümmerte und vom Leben beraubte Menschen. Bei intensiver und genauer Interpretation zeigt sich aber, daß gerade das Gegenteil zutreffend ist. ›Momo‹ wird zu einer Figur, die durch Vortäuschung falscher Tatsachen auf Abwege führt, die am wirklichen Leben der Menschen vorbeiführen. Sehen kann man dies zum Beispiel auch an dem, wie Zeit und Leben in ›Momo‹ identifiziert werden. Ende benutzt angeblich tiefgreifende Wahrheiten, die sich bei genauer Reflexion jedoch als unzutreffende, triviale Setzungen entpuppen.

Ist Zeit denn Leben? Ist Leben denn nicht mehr als Zeit?

b) Leben ist mehr als Zeit

In dem zweiten Teil der ›Momo‹, wir wiesen schon darauf hin, steht zu Beginn gleich der Satz: *». . . Zeit ist Leben.«*[44] Im allgemein berauschenden Stil des Buches und im phantastischen Wechsel der Bilder überliest man diesen Satz vielleicht. Denkt man über ihn aber einmal länger nach, so muß man ihn als falsch beurteilen. Zeit ist als eine Struktur der Existenzbeschreibung unabdingbar. Ohne Zeitverständnis könnte über die körperliche oder geistige Reifung eines Menschen keine Aussage gemacht werden. Zeit ist eine Kategorie der Anschauung, auf die der Mensch nicht verzichten kann, wenn er Leben beschreiben und sich zu seinem Leben verhalten will. Darüber hinaus deutet die Zeit dem Menschen seine Endlichkeit, seine Vergänglichkeit an. Sie verweist ihn auf die Tatsachen der Unumkehrbarkeit des Vergangenen hin. Bewußt wird dies in dem Aufeinanderfolgen von Veränderungen und Ereignissen, von Vergangenheit, Gegenwart und Zukunft erlebt.

Zeit und Tod sind eng verbunden. ›Momo‹ zeigte diese Tatsache auf ihre Weise. Doch die Aussage ›Zeit ist Leben‹ ist eine Verkürzung, um nicht zu sagen, eine rein triviale Aussage über menschliches Leben. Die Zeit ist für das Leben eine Größe, die diesem den Rahmen und die Möglichkeiten definiert. Zeit ist so formal eine Beschreibungskategorie von Leben, doch keine inhaltliche Größe, die Leben qualitativ festlegen könnte.

Will man menschliches Leben inhaltlich füllen, so steht man zunächst vor grundlegenden Fragen:

– Wer bin ich?
– Woher komme ich?
– Wohin gehe ich?
– Was soll ich auf dieser Welt?

Diese und ähnliche Fragen bewegen den Menschen, wenn er die Qualität und den Sinn seines Lebens ausloten will.

Die heutige Menschheit, hoch technisch gebildet durch Wissenschaft und geleitet vom Streben nach Selbstbestimmung, gibt dem sein Leben bestimmenden Menschen viele Angebote, seine Fragen mit Antworten versehen zu können. Nehmen wir zum Beispiel ›Momo‹:

›Du bist ein von Geistern abhängiger Mensch!‹

›Du kommst von irgendwo und gehst nach irgendwo – der Tod ist dein Vater, der dir deine Lebenszeit gibt, für dieses oder aber auch für ein kommendes Leben!‹

›Du wirst es sehen, wohin du gehst, wenn du dich deiner Phantasie auslieferst!‹

›Du sollst in dieser Welt zu Wesen wie Momo gehen, dann wirst du zuhören, spielen, sinnvoll leben können!‹[45]

Vergleichen wir diese Antworten mit denen der Bibel. Sie antwortet auf die Fragen der Menschen:

›Du bist ein Geschöpf Gottes!‹

›Du bist ein Sünder!‹

›Du kommst von Gott und kannst durch Jesus Christus, sofern du an ihn glaubst und seinen Tod am Kreuz von Golgatha ernst nimmst, zu ihm zurückfinden.‹

›Du gehst ohne Gott in deinen sicheren Tod und entrinnst nicht der Sinnlosigkeit. Du gehst mit Gott in die Ewigkeit zu ihm!‹

›Du bist auf dieser Welt, um die Fülle des Lebens zu erfahren und die Größe Gottes darüber zu preisen. Du wirst ein Hinweis für andere auf den lebendigen Gott sein können!‹

Diese Antworten auf die lebensbedeutenden Fragen der Menschen zeigten auf ihre Weise, wie verschieden man sich in seinem Leben ausrichten kann. Es hängt jeweils davon ab, welche Antworten man zu den seinen macht. Nach der Annahme der Antworten folgt die Prüfung derselben im täglichen Leben. Hier wird sich zeigen, welche Bezugnahme die tragfähigere und wahrhaftigere Antwort beinhaltet.

Gegen Endes ›Momo‹ und Meister Hora steht Jesus Christus und Gott der Herr. Der Psalmist bezeugt aus seinen Lebenserfahrungen über Gott: » . . . bei dir ist die Quelle des Lebens und in deinem Lichte sehen wir das Licht« (36, 10). Wer zu dieser Quelle geht, bekommt wirkliches Leben, das sich in der Endlichkeit erfahren läßt als ein erfülltes, sinnvolles Leben und in die Ewigkeit Eingang finden kann. Angesichts des Todes wird dem existentiell lebenden, wiedergeborenen Christen deutlich, daß sein Leben durch Christus von der Ewigkeit her bestimmt wird. Daraus folgt keine Weltflucht, sondern im Gegenteil, eine Intensivierung endlichen Lebens in der Hoffnung, in der Ewigkeit Gott schauen zu dürfen, der das endliche, vergängliche Leben schon so reich werden ließ.

c) Erlösung durch Endes Phantasie?

Michael Endes ›Momo‹ zeigte auf ihre Weise die Erlösung der Menschen aus der Bedrohung ihrer Existenz durch fremde Geister, durch magische Phantasien. Momo wurde dabei zu einer Erlöserfigur, die einer Analogie mit Jesus vergleichbar scheint. Unter Hilfestellung Meister Horas und seiner Machtmittel, symbolisiert durch die Schildkröte und die Stundenblume, vollbrachte Momo den Sieg über die grauen Herren. Mit diesem Sieg war die Lebensfreude und der Lebenssinn für die Menschen um Momo und für sie selbst wieder hergestellt. Nach der Formel: Heilung der Heillosen durch Magie geschah die Erlösung. Fürs erste scheint damit ein Erfolg ausgewiesen zu sein. Bei genauerer Betrachtung zeigte sich aber der

Betrug. Die Menschen kommen aus der Hand der grauen Herren in die Hand des Meister Hora. Von dem Machtbereich der grauen Herren, den Teufeln mit brutalen Absichten, in den Machtbereich des liebenswürdigen alten Hora.

Bedenkt man die okkulten Hintergründe, so scheint Meister Hora offensichtlich die Dankbarkeit der Menschen zu verdienen. Setzt er doch für jeden Menschen die Lebenszeit fest. Mit deren Beendigung eröffnet sich ein weiteres Leben. Die Konzeption der Seelenwanderung greift in diese Erlösungstat ein, legitimiert sie und nimmt dem Tod den Schrecken. Kann er doch in seiner ›Güte‹ einem sinnlos empfundenen Leben die Grenze markieren, um es damit zu neuen Möglichkeiten in einem folgenden Leben kommen zu lassen. Bei Ende stimmen die Systeme. Systemimmanent, genau die okkulten Vorstellungen von Leben und Tod, von neuem Leben in anderem Leben etc. einhaltend, entstehen so seine Lösungskonzepte zur Daseinsbewältigung für seine Leser. Daß diese an der Wahrheit vorbeiführen, merken nur die, die sich seinem Heilungsangebot hingeben, oder die, die ganz wahrhaftig als Christen leben. Da man angesichts der brutalen Verstrickungen des Okkulten auf keinen Fall zur praktischen Überprüfbarkeit der in ›Momo‹ angesprochenen Lebensüberwindungsmöglichkeiten verweisen kann, bleibt die einzige Chance, die Unwahrheit der ›Momo‹ auf dem Hintergrund der Bibel aufzudecken. Damit beginnt die Alternative zu Endes Heilung aus magischer Phantasie bei der Heilung des sich verloren vorkommenden Menschen durch die Inanspruchnahme der frohen Botschaft vom Sieg Jesu über Hölle, Tod und alle Teufel und über die Sünde des Menschen. Die Sünde wird dem Sünder vergeben, wenn er sie im Licht der Wahrheit Gottes erkennt und sie diesem bekennt. Im Gegensatz dazu wird Schuld bei Ende durch ›Zuhören‹ aufgesogen. Vergebung ist bei der Momo nicht notwendig. Momos Gegenwart erleben reicht aus, um einer Veränderung gewiß sein zu können.

›Momo‹ ist damit weniger als eine Philosophie der Zeit und gleichzeitig auch mehr.

Sie ist weniger, weil die Zeit und ihr Bezug zu menschlichem Leben in der falschen Beziehung zu diesem überbetont wird. Von den Begrenzungen des Lebens durch die Determination der Zeit ist zum Beispiel an keiner Stelle der ›Momo‹ die Rede. Die Zeit spielt in dem Märchenroman lediglich eine Alibifunktion. Läßt sich doch über sie und durch sie ein Kampfszenarium um den Menschen, von Geistwesen, die miteinander um ihn ringen, darstellen. Sie ist damit Mittel zum Zweck, magische Phantasien zur Wirklichkeitsbewältigung anzubieten. ›Momo‹ ist mehr als eine Philosophie der Zeit, weil sie die Wirklichkeit hinter der Wirklichkeit realistisch schildert. ›Momo‹ macht damit auf eigentümliche Weise auf die Welt der Dämonen und Geistwesen aufmerksam. Das Buch läßt hinter die unmittelbar wahrnehmbare Wirklichkeit schauen. Geschieht dies auch unter dem Vorwand, ein Märchen, also etwas rein Fiktives, nicht wirklich Existentes, in der Lektüre vorzufinden, so ist dies eine Täuschung. Die dem Autor abzuspürende Intention geht weiter. Im Märchen oder in dem Begriff der phantastischen Erzählung verbergen sich bei Ende Wirklichkeitsschilderungen der okkulten Dimension, die als real anerkannt werden müssen.

III. ›Die unendliche Geschichte‹

Als das Buch ›Die unendliche Geschichte‹ im Herbst 1979 auf dem Buchmarkt mit einer Auflage von 20 000 Exemplaren erschien, ahnte noch niemand etwas von seinem Siegeszug. Heute, Jahre später, ist von seinem Erfolg in der ganzen westlichen Welt und darüber hinaus zu hören. Viele Millionen Leser tauchen mit Leib und Seele in das Reich Phantásien ein, begleiten den Hauptakteur der Handlung, Bastian Balthasar Bux, bangen und hoffen mit ihm um die Rettung Phantásiens und um seine eigene.

Mittlerweile kam zu dem Buch der bislang teuerste Film der europäischen Filmgeschichte. Mit einem riesigen Aufwand wurde die ›Unendliche Geschichte‹ für 60 Millionen Mark produziert. Wenn Ende auch gegen diese Verfilmung protestierte, sie brachte seinem Buch noch weitere Verbreitung. Die phantastischen Figuren haben durch den Film zwar eine möglich denkbare Gestalt bekommen, dem Buch tat dies aber keinen Abbruch. Der ›Spiegel‹ führte lange Zeit auf seiner Bestsellerliste ›Belletristik‹ die ›Unendliche Geschichte‹ auf den ersten Plätzen. Der Boom dieses Buches scheint ungebrochen. Neuerdings hat sogar die Lufthansa für ihre Langstrecken-Passagiere die Verfilmung der ›Unendlichen Geschichte‹ parat. Durch die Hektik zwischen den einzelnen Terminen vom kulturellen Leben abgeschnittene oder in den Urlaub fliegende Passagiere werden so von Phantásien eingeholt. Die Heilung durch magische Phantasien erreicht selbst Kinder in ihren Bastelstuben. Das Spiel- und Bastelbuch zur ›Unendlichen Geschichte‹ von Wulf Wallrabenstein tut hier das Seine, um den Kindern spielend und bastelnd die Inhalte der ›Unendlichen Geschichte‹ nahezubringen. Muß all dies nicht aufhorchen lassen? Ist die von uns in ›Momo‹ schon genannte Magie so anziehend, daß ihre Verbreitung keine Grenzen zu kennen scheint?

Entgegen der heilenden Wirkung, die dieses Buch zu vermitteln scheint, wollen wir zeigen, daß die ›Unendliche Geschichte‹ ein wahres Zauberbuch ist, das die Absicht verfolgt, möglichst viele Leser in das Reich des Okkulten zu ziehen. Eine genaue Analyse des Buches wird aufdecken, daß die Heilung aus magischen Phantasien eine gefährliche Täuschung ist und zur eigentlichen Krankheit zum Tode führt. Gott behält es sich vor, Leben zu schaffen, zu geben und zu erhalten. Dieser Tatsache widerspricht Ende in seinen Mysterienspektakeln.

1. Durch Phantasie zu sinnvollem Leben

Bastian Balthasar Bux läuft auf der Flucht vor Schulkameraden, die ihn stets hänseln, weil er dick ist und nicht gerade hübsch aussieht, in einen Buchladen. Im Antiquariat des Herrn Karl Koreander wird er magisch von einem Buch angezogen, in dem dieser gerade liest. Als er, durch ein Telefonat von seiner Lektüre abgehalten, in einen hinteren Raum geht, entwendet Bastian dieses Buch. Ende schreibt: *»Es war ihm, als ginge eine Art Magnetkraft davon (von dem Buch, indem Koreander gelesen hatte, der Verf.) aus, die ihn unwiderstehlich anzog. Er näherte sich dem Sessel, er streckte langsam die Hand aus, er berührte das Buch – und im gleichen Augenblick machte etwas in seinem Inneren ›klick‹!, so als habe sich eine Falle geschlossen. Bastian hatte das dunkle Gefühl, daß mit dieser Berührung etwas Unwiderrufliches begonnen hatte und nun seinen Lauf nehmen würde.«*[46] Mit diesem ungewöhnlichen Buch, das schon gleich zu Anfang seinen neuen Besitzer fasziniert hatte, zieht sich Bastian auf den Boden seiner Schule zurück. Hier richtet er sich ein, als würde er nun eine längere Zeit für seine Umwelt verschollen bleiben. Er beginnt sein Lese- und Lebensabenteuer.

Von allen Teilen Phantásiens sind Abgesandte auf dem Weg zur Kindlichen Kaiserin. Sie lebt in einem Elfenbeinturm, der die Mitte ihres riesigen Reiches bildet. Die Boten tragen eine unbegreifliche Botschaft mit sich, die sie ihrer Kaiserin übermitteln wollen: Das Nichts greift um sich. Plötzlich war es da und verschlang ganze Teile des Landes. Das Nichts läßt sich nicht genau erklären. In seinen Wirkungen auf die Wesen Phantásiens hat es eine unwiderstehliche Anziehungskraft. Wenn sie ihm zu nahe kommen, werden sie von ihm angezogen und verschwinden in ihm. Phantásien ist so in großer Gefahr durch das immer weiter umsichgreifende Nichts.

Die Kindliche Kaiserin kann aber ihrerseits die Hoffnung der phantásischen Lebewesen nicht erfüllen, da sie selbst krank danieder liegt. Alle Ärzte Phantásiens bemühen sich zwar mit ihrer ganzen diagnostischen und therapeutischen Kunst um sie, doch sie können ihr nicht helfen.

Wenn die Medizin auch versagt, so erscheint für die ›Wesen‹ Phantásiens doch ein Zusammenhang zwischen der Krankheit der Kaiserin und der Bedrohung Phantásiens durch das Nichts zu bestehen.

Dem berühmtesten aller Ärzte in Phantásien, Cairon, überreicht die Kindliche Kaiserin ein Medaillon – Auryn. Wer dieses Medaillon in Phantásien trägt, steht unter dem unmittelbaren Schutz der Kaiserin und gilt als deren Stellvertreter. Cairon soll dieses Medaillon Atréju überbringen, einer Grünhaut, von der sich die Kaiserin Hilfe für sich und Phantásien erhofft.

Als Cairon Atréju ausfindig gemacht hat und ihm das Medaillon übergeben hat, muß er diesen sich selbst überlassen. Er hat keinen Rat für ihn, wie er herausfinden kann, woran die Kindliche Kaiserin erkrankte und wie Phantásien vor dem Nichts zu schützen sei. Niemand kann dem auserkorenen Helden helfen. Niemand weiß, was diesem auf seiner Suche nach dem Heil begegnen wird.

Bastian, an dieser Stelle der Geschichte aufhorchend, bemerkt auf seine Weise, wie wenig er mit Atréju gemeinsam hat. Doch halt – auch Bastian war auf der Suche nach etwas Großem, von dem er nicht wußte, wohin es ihn führte und wo es enden und sich erfüllen würde.

Atréju macht sich getreu seines Auftrags auf den Weg. Da

ihm sein Ziel unbekannt ist, läßt er sich zunächst treiben. Seine Reise führt ihn durch die Silberberge ins Land der singenden Berge. Von dort zu den gläsernen Türmen von Eribo und so immer weiter. Dies geht solange, bis ihm in einem Traum deutlich wird, daß er in die Sümpfe der Traurigkeit zum ältesten Wesen Phantásiens gehen müsse, zur uralten Schildkröte Morla.

Diese sagt ihm nach langem Hin und Her, warum die Kindliche Kaiserin krank ist und was sie zu ihrer Genesung benötige. Die Kindliche Kaiserin, so erfährt Atréju von Morla, benötigt einen neuen Namen. Diesen kann sie aber von keinem phantásischen Wesen bekommen. Da mit dieser Auskunft aber noch nicht die Rettung der Kaiserin und Phantásiens gegeben ist, schickt die alte Morla Atréju zur ›Uyulála im Südlichen Orakel‹. Hier könne Atréju mehr erfahren. Doch sei für ein sterbliches Wesen der Weg zu dem Orakel wohl viel zu lang.

An dieser Stelle horcht Bastian wieder auf. Ihm wolle wohl ein Name für die Kindliche Kaiserin einfallen! Gleichzeitig ist er gewillt, Atréju vor einem bösen Schattenwesen zu warnen, das diesen schon eine ganze Zeit auf seiner Reise durch Phantásien verfolgt. Doch wie kann er dies? Wie soll er auf eine gedruckte Geschichte Einfluß nehmen?

Mittels einer List gelingt es Atréju aber doch, das Südliche Orakel zu erreichen. Was ihm allein unmöglich ist, schafft er mit einem Glücksdrachen. Dieser rettet ihn aus den Fängen des ›schrecklichsten aller Schrecken‹, dem Ygramul, indem er sich für eine Stunde in den sicheren Tod begibt, um dadurch sich an sein Ziel zu wünschen, dem Südlichen Orakel.

Bastian ist bei alledem unheimlich. Der Kampf mit Ygramul, Fuchur, dem Glücksdrachen, und Atréju, lassen ihn einen Schreckensschrei ausstoßen.

Atréju ist von jetzt an gemeinsam mit Fuchur auf der Reise durch Phantásien, um seinem Auftrag nachzukommen. Viele Abenteuer hat Atréju noch durchzustehen. Doch er kann der Kindlichen Kaiserin nicht helfen.

Beim ›Südlichen Orakel‹ erfährt er noch einmal die Bestätigung dessen, was die alte Schildkröte ihm sagte.

Uyulála, die Stimme der Stille, sagt ihm:

»Doch jenseits Pantásiens gibt es ein Reich,
das heißt die Äußere Welt,
und die dort wohnen – ja, sie sind reich,
um sie ist es anders bestellt!
Die Adamssöhne, so nennt man mit Recht
die Bewohner des irdischen Ortes,
die Evastöchter, das Menschengeschlecht,
Blutsbrüder des wirklichen Wortes.
Sie alle haben seit Anbeginn
die Gabe, Namen zu geben.
Sie brachten der Kindlichen Kaiserin
zu allen Zeiten das Leben.
Sie schenkten ihr neue und herrliche Namen,
doch ist es schon lange her,
daß Menschen zu uns nach Phantásien kamen.
Sie wissen den Weg nicht mehr.
Sie haben vergessen, wie wirklich wir sind,
und sie glauben nicht mehr daran.
Ach, käme ein einziges Menschenkind,
dann wäre schon alles getan!
Ach, wäre nur eines zu glauben bereit
und hätte den Ruf vernommen!«[47]

Bastian wird im Verlauf seiner Lektüre diesen Ruf annehmen und als Retter Phantásiens in die Geschichte der Geschichte einsteigen. Ausgerüstet mit dem Medaillon der Kindlichen Kaiserin, das ihm Atréju übergibt, erlebt er Phantásien und sich selbst in diesem Reich. Statt Phantásien zu retten, wird er für dieses Reich zu einer großen Gefahr. Doch schließlich wird er in seinen Wünschen, denen das Medaillon mit der Inschrift: *»Tu was du willst!«*, den Weg weist, gebremst. Am Ende seiner Reise durch Phantásien findet er die Quelle des Lebenswassers und durchschreitet diese mit Hilfe von Atréju und Fuchur. So findet er wieder in seine Welt zurück.

In dieser, zunächst vom Dachboden zum Vaterhaus zurückgehend, lebt er seine in Phantásien durchstandene Veränderung für seinen Vater und die anderen, mit denen er zu tun hatte (seine Mitschüler, Herr Koreander) in einer derart überzeugenden Weise, so daß er Liebe verbreitet und zu einem sinnvollen Leben findet. Heilung durch magische Phantásien findet so in der Figur Bastians zu einer weiteren Überzeugung.

Bevor wir darüber nachdenken, wie Bastian in die Geschichte hineingezogen wurde und gleichsam mit Leib und Seele eintauchte, gehen wir auf die Stimme der Stille, Uyulála, und ihre ›Rede‹ näher ein.

In genauer, präziser Weise schildert Ende in dem eben zitierten Gesang der Uyulála das Wesen der Menschen mit seinem schöpfungsmäßigen Anlagen und Potenzen, wie es die Geister Phantásiens sehen.

Die Menschen, so Ende in den Stimmen der Uyulála, sind Blutsbrüder des wirklichen Wortes. Im Johannesevangelium ist von Christus als dem Wort die Rede: »Im Anfang war das Wort, und das Wort war bei Gott, und das Wort war Gott (1,1).« Schaut man den Bericht der Bibel über die Schöpfung der Welt an, so sieht man, wie Gott als das wirkliche und wirkende ›Wort‹ die Welt durch seine Worte schuf.

Die gesamte Schöpfung entstand damit auf seinen ausdrücklichen Befehl hin. Durch das Wort wurde alles, was ist, von Gott hervorgebracht. Seine Worte waren lebenswirkend und sind bis heute lebensspendend. So gilt für die Christen, daß Gottes Wort ihrem Lebensweg den Durchblick schenkt (»dein Wort ist meines Fußes Leuchte und ein Licht auf meinem Wege«). Gleichzeitig ist dann mit dem Wort Gottes das Leben für die Menschen verbunden. Beides gehört zueinander und ist voneinander für den Menschen abhängig. Ende weiß um diese Zusammenhänge. Denn in der weiteren Folge des eben genannten Zitates spielt er darauf an, wie den Menschen der Auftrag, Namen zu geben, geschenkt wurde. Ende läßt sagen: *»Sie alle haben seit Anbeginn die Gabe, Namen zu geben.«* Die Bibel bestätigt dies: ». . .; und wie irgend der Mensch ein lebendiges Wesen nennen würde, so sollte sein Name sein. Und der Mensch gab Namen allem Vieh und dem Gevögel des Himmels und allem Getier des Feldes« (1. Mo. 2, 19 f.). Diese Tatsache bestätigend, geht Ende nun weiter. Die Menschen brachten zu allen Zeiten der Kindlichen Kaiserin das Leben. Wieso kann man eigentlich von der Namensgebung auf Leben schließen? Das, was wir Menschen mit Namen belegen, hat für uns die Evidenz des Gebrauches, des Lebensbezuges. Die Namensgebung enthält aber neben dem besitzergreifenden auch den ›lebensspendenden‹ Aspekt. Das gilt besonders im Reich des Okkulten. Was hier mit Namen, Worten, Sätzen angesprochen wird, entsteht zum Leben für uns Menschen, die wir die Welt der Geister so wenig ernst nehmen. Geben wir den Geistern Namen, so rufen wir sie indirekt, beschwören sie aus ihrem Reich heraus in unsere Wirklichkeit. Ende weiß dies, darum legt er schon früh in seinem Märchenroman Wert darauf, daß der Weg zur Heilung durch magische Phantasien die okkulte Teilnahme des Menschen einschließt. Er muß die Geister mit Namen ansprechen, um in ihre Welt eindringen zu können.

»Sie haben vergessen, wie wirklich wir sind,
und sie glauben nicht mehr daran.«[48]

Auch in diesem Satz steckt eine Realität. Wissenschaft und ein aufgeklärtes und selbstsicheres Menschentum lehnen Gott und Teufel gleicherweise ab. Doch mit zunehmender Unsicherheit, ob allein der Verstand und das Messen, Zählen und Abwägen durchtragen, erinnern sich die Menschen an Phantásien. Ende tut seinerseits das Beste, den Menschen Phantásien wieder in Erinnerung zu rufen und ihren Glauben zu wecken, daß ihnen von dort Hilfe zuteil werden könne. Die Wechselwirkung von der menschlichen Hilfe für Phantásien und der Reaktion durch diese Hilfsaktion auf den Menschen, zeigt auf eindrückliche Weise die Machenschaften des Durcheinanderwerfers. Wie Bastian anfangs nur helfen wollte, so wollen viele nach ihm eine Phantásienreise machen, da sie ja nun wissen, daß auch Bastian in Phantásien entscheidendes lernte. So steigen sie anders ein. Weniger selbstlos, dafür aber um so offener für Phantásien. Aus der durch die ›Unendliche Geschichte‹ suggerierten Wechselwirkung wird dann eine einseitige Beziehung. Phantásien hält jeden fest, der sich in dieses Reich verliert. Ende selbst spürte davon einiges am eigenen Leibe.

Auf die Frage von Franz Kreuzer an Michael Ende, ob Phantásien in seinem Leben eine Rolle spiele, antwortete er: »Natürlich spielt es in meinem eigenen Leben eine Rolle, aber ich muß Ihnen sagen, daß das alles erst beim Schreiben entstanden ist. Das war nicht vorher geplant, um es dann nur irgendwie in dem Buch zu applizieren. Bei mir ist das Schreiben einer Geschichte eigentlich immer ein Abenteuer, manchmal sogar ein lebensgefährliches. Die zwei Jahre, die ich an der Unendlichen Geschichte gearbeitet habe, bin ich selber in dieses Labyrinth hineingeraten, das heißt, es entstand, während ich es schrieb. Und ich weiß noch gut: Das Buch sollte eigentlich ein Jahr früher herauskommen. Der Verleger rief an und fragte: ›Wie sieht's aus, wann bekomme ich denn das Manuskript?‹, und ich habe gesagt: ›Ich kann's dir nicht schicken, der Bastian kommt mir nicht mehr zurück. Der will nicht mehr zurück aus Phantásien.‹ Und ich konnte es nicht ändern, ich mußte mit dem Bastian diese ganze Odysse durch Phantásien mitmachen, und ich schwöre Ihnen, ich wußte selber nicht, wo der Ausgang ist. Diesen habe ich erst gefunden, indem ich die Geschichte bis zum entscheidenden Punkt geschrieben habe. Man kriegt ja dann zwischendurch auch echte Depressionen, wenn man sich einfach nicht mehr heraussieht. Ich war teilweise der Meinung, es gibt keinen Weg mehr zurück, ich weiß ihn nicht, ich finde ihn nicht . . . (. . .) Ich hatte keine Ahnung gehabt, auf was ich mich da einlasse, als ich das Buch zu schreiben anfing. Wenn es nicht übertrieben klänge, würde ich sagen: Ich habe mit diesem Buch zum Teil um mein Leben gekämpft.«[49]

Mit diesem Zeugnis über die Entstehung der ›Unendlichen Geschichte‹ wird deutlich, daß Ende selbst von den Geistern gefangengenommen wurde, die er mit seinen Worten zum Leben »entstehen« ließ.

Wenn der Autor selbst solche Erfahrungen mit seinem Stoff machte, liegt es nahe, jedem wirklich Hilfe suchenden Leser ähnliche Erfahrungen anzusagen. Um ihm diese aber zu ersparen und ihn auf das wahre Leben aus Gott zu verweisen, müssen wir ihn auffordern, die Reise nach Phantásien nicht anzutreten.

2. Das Buch als Zauberbuch

Erfahrene Buchverleger wissen, daß neben einem gut geschriebenen Text die Aufmachung eines Buches für dessen Verkauf ganz entscheidend ist. Daß Ende und seinem Verleger diese Kombination gelungen ist, können wir anhand von verschiedenen formalen Kriterien bestätigen.

Beim Kauf des Buches fällt zunächst die Gestaltung des Umschlags ins Auge. Dort ist ein Oval zu sehen, gleich dem Medaillon, das Atréju und später Bastian in der Geschichte tragen. Es ist von zwei Schlangen umrahmt, die sich jeweils in den Schwanz beißen. Das Oval ist von einem Bild ausgefüllt, welches in der Mitte den im Buch beschriebenen Elfenbeinturm der Kindlichen Kaiserin und dem entgegenspringend zwei Einhörner zeigt. Auf der Rückseite erscheint analog der Vorderseite dieselbe Gestaltung, nur daß jetzt das Oval eine Inschrift zeigt, die ebenfalls auf dem Medaillon eingraviert war. Sie lautet: ›Tu was du willst.‹

Entfernt man den Schutzumschlag, so erscheint genau das Buch, was im Text beschrieben wird. *»Er hob das Buch hoch und betrachtete es von allen Seiten. Der Einband war aus kupferfarbener Seide und schimmerte, wenn er es hin und her drehte. (. . .) Als er den Einband noch einmal näher betrachtete, entdeckte er darauf zwei Schlangen, (. . .) die sich gegenseitig in den Schwanz bissen und so ein Oval bildeten. Und in diesem Oval stand in eigentümlich verschlungenen*

Buchstaben der Titel: Die unendliche Geschichte.«[50] Der Einband ist zwar nicht genau kupferfarben, aber durch sein dunkles Rot diesem doch ähnlich. Der Schimmereffekt ist je nach Lichteinfall zu erzielen und somit der Ankündigung identisch. Schließlich sind die Schlangen mit dem Buchtitel eingestanzt, so daß alles in allem der Leser genau das Buch in der Hand hält, das auch Bastian, die Hauptfigur des Märchenromans, vor sich hat. Doch damit noch nicht genug, die Identität vom Buch mit dem Buch im Buch ist bis ins Letzte hergestellt worden. In der eben schon einmal zitierten Stelle heißt es ferner: *»Bei flüchtigem Durchblättern sah er, daß die Schrift in zwei verschiedenen Farben gedruckt war. Bilder schien es keine zu geben, aber wunderschöne, große Anfangsbuchstaben.«*[51] Wieder kann der Leser dieses bestätigt finden. Zwei Druckfarben wechseln im Druckbild ab: eine rote und eine grüne. Ferner beginnt jedes Kapitel mit einem großen Buchstaben des Alphabetes, von A bis Z. Diese Buchstaben geben dem Kapitel im ersten Wort desselben den Beginn und zeigen gleichzeitig in ihrer Ausgestaltung mit Figuren den wichtigsten Handlungszusammenhang des jeweiligen Kapitels an.

Mit den sechsundzwanzig Buchstaben des deutschen Alphabetes schreibt Ende nicht nur jeweils den einzelnen Kapitelbeginn seiner ›Unendlichen Geschichte‹, sondern diese selbst. Unter Anspielung auf die Buchstabenmystik, die der Kabbala entnommen ist, zeigt er so schon auf der Ebene der einzelnen Grapheme (der kleinsten bedeutungstragenden Gestalteinheit der Schrift), daß er ein Zauberbuch geschrieben hat.

Ferner wird die Wirkung des Zauberbuches durch die zwei verschiedenen Farben erreicht. In der Farbe rot erscheint die Wirklichkeit und die Handlungen Bastians, bevor er selbst nach Phantásien kommt. Ist er schließlich in diesem Reich, wird alles in grüner Farbe gedruckt. Vorher wechseln sich rot und grün ab. Was sollte diese Unterscheidung? Damit deutet Ende die verschiedenen Ebenen der einen Wirklichkeit an, die er meint. Rot steht für die durch die Sinne zu erfahrende Wirklichkeit, grün für die Wirklichkeit Phantásiens und mit dieser für die der Geister und Dämonen. Rot ist bei vielen Völkern als Farbe des Lebens geschätzt. So scheint es einen Sinn zu haben, die allgemein anerkannte Realität menschlichen Lebens in Rot aufschreiben zu lassen.

Grün macht sich für die Welt Phantásiens besonders gut, da sie eine mittlere und vermittelnde Bedeutung hat, etwa zwischen den Farben Rot und Blau, die einerseits Hölle und andererseits Himmel symbolisieren. In der esoterischen Farbenmystik ist die Bedeutung der Farbe Grün mit dem astralen Wachstum verbunden. Was immer Ende sich bei den einzelnen Farben gedacht hat, sie suggerieren auf ihre Weise den Eingang ins Phantásische Reich. Die Auflösung von rot mit dem Eindringen Bastians in Phantásien zeigt auf ihre Weise, wie alles sich in die okkulte Wirklichkeit verflüchtigt, wenn man erst einmal mit Leib und Seele in diese eintaucht. Von da an gibt es nur noch eine Realität – im Buch ist die Farbe grün durchgängig am häufigsten (S. 5–16 rot, S. 17–25 grün, S. 26 rot, S. 27–190 mit einigen roten Einschüben, doch grün auch hier überwiegend dominant, S. 193–419 ausschließlich grün, S. 419–428 rot). Damit wird schon durch die Farbverteilung deutlich, welcher Wirklichkeit in der ›Unendlichen Geschichte‹ der größte Raum gelassen wird: der Wirklichkeit hinter der Wirklichkeit, dem Reich Phantásiens, dem Reich der Finsternis. Aus diesem kommen dann die magischen Phantasien.

Durch die Mittel der Buch- und Textgestaltung ist die ›Unendliche Geschichte‹ schon formal ein Buch, das suggestiv seine Leser erreichen will. Durch das Mittel der Identifizierung des Lesers mit dem Zauberbuch soll über diesen der Zauber hereinbrechen. Wie dies geschehen kann, wird ihm in dem Zauberbuch selbstverständlich beigebracht.

3. Der Leser im magischen Sog

Wie schon erwähnt, wird Bastian bereits durch den Anblick des sonderbaren Buches im Laden des Herrn Koreander magisch von diesem angezogen. Wie in einer Falle ist er an das Zauberbuch gefesselt. Im folgenden werden wir die Textpassagen herausstellen, die von Bastians Zug ins Reich Phantásien sprechen und den Sog beschreiben, dem er ausgesetzt ist, seitdem er die ›Unendliche Geschichte‹ gesehen, in die Hand genommen und begonnen hat, in ihr zu lesen.

»Er starrte auf den Titel des Buches, und ihm wurde abwechselnd heiß und kalt. Das genau war es, wovon er schon so oft geträumt und was er sich, seit er von seiner Leidenschaft befallen war, gewünscht hatte: Eine Geschichte, die niemals zu Ende ging! Das Buch aller Bücher!«[52] Von der physischen bis zur psychisch-geistigen Reaktion ist in dem Zitat aus der ›Unendlichen Geschichte‹ der Strudel deutlich beschrieben, in den Bastian gerät, als er sich mit dem Zauberbuch ›Die unendliche Geschichte‹ beschäftigt. Heiß und kalt sind physische Reaktionen auf eine besonders stark empfundene Emotion. Bastian gerät mit diesen Reaktionen in einen Sog. Geistig sieht er das Buch aller Bücher, das nie zu Ende geht. Der unrealistische Traum des Jungen scheint der Erfüllung nahe. Die Begrenztheit menschlichen Lebens, die ja gerade an seiner Endlichkeit sichtbar wird, kann von Bastian und seinem Kontakt mit der ›Unendlichen Geschichte‹ aufgelöst werden. Durch geschickte Manipulation des Autors wird dem Leser die Unendlichkeit der ›Unendlichen Geschichte‹ dadurch suggeriert, daß er zum Erfinden weiterer Geschehnisse durch die Aussage: *». . . das ist eine andere Geschichte und soll ein andermal erzählt werden«*[53] selbst aufgefordert wird, die von ihm gelesene Geschichte persönlich weiterzuführen. Damit gelangt er aber immer mehr in das Reich Phantásien, weil er sich dieser Welt hingeben muß, um gescheit und der Geschichte entsprechend weitererzählen zu können.

Ferner wundert es, daß Bastian in genau der ›Unendlichen

Geschichte‹ das Buch aller Bücher gefunden hat. Mit diesem Ausspruch ist ein Vergleich der ›Unendlichen Geschichte‹ mit der Bibel angedeutet. Von ihr ist als dem Buch der Bücher selbstverständlich die Rede, weil sie göttliche Offenbarungen für Menschen enthält. Gleichzeitig ist damit auf den Wahrheitsgehalt und die Lebensnotwendigkeit der Bibel für die Menschen hingewiesen. Wenn der ›Unendlichen Geschichte‹ ebensolche Qualitäten zugesprochen werden, so läßt dies aufhorchen. Wer könnte zu den Offenbarungen Gottes in Konkurrenz treten? Bei der Überlegung zur Beantwortung der Frage wird schnell deutlich, daß der Satan auf den Plan tritt. Mit der ›Unendlichen Geschichte‹ ist eine Antibibel zur Bibel und eine Bibel für gottlose und den Gott der Bibel nicht kennende Menschen geschaffen worden. Die nach wie vor anhaltende Nachfrage nach Endes Mysterienbuch ist hierfür Indiz genug.

Unterbrochen durch den Schlag der Turmuhr wendet sich Bastian von der Lektüre des Zauberbuches ab. *»Bastians Gedanken kehrten nur ungern in die Wirklichkeit zurück.«*[54] Wir merken wieder, wie weit Bastian schon dem magischen Sog ausgesetzt ist. Seine ihm bekannte Wirklichkeit ist ihm nun schon fremd. Ihr möchte er so schnell wie möglich wieder entfliehen ins Reich der Phantasie, der fremden Mächte.

Als Atréju, der Held Phantásiens, bevor Bastian selbst in diesem Reich zum Helden wird, sein Pferd im Sumpf der Traurigkeit verliert, muß Bastian anteilnehmend weinen. *»Bastian schluchzte. Er konnte es nicht unterdrücken. Seine Augen waren voll Tränen, und er konnte nicht weiterlesen. Er mußte erst sein Taschentuch hervorziehen und sich die Nase putzen, ehe er fortfahren konnte.«*[55] Bastian ist bereits an der eben zitierten Stelle schon mit ganzer Seele in Phantásien eingetaucht. Das Schicksal Atréjus ist schon zu dem seinen geworden.

Zwischendurch wird Bastian daran denken, einen neuen Namen für die Kindliche Kaiserin zu suchen. Doch noch ist er nicht weit genug in Phantásien eingestiegen. Die ihn umgebende Welt auf dem Dachboden seiner Schule hält ihn noch zurück. Wie kann er es dann aber schaffen, den vollkommenen Zugang zu Phantásien zu erreichen? Wie kann seine ihm bekannte und vertraute Wirklichkeit der Dreidimensionalität überwunden werden, um in die Wirklichkeit hinter der Wirklichkeit mit ›Leib und Seele‹ eindringen zu können?

Die Kraft der magischen Phantasien umschließt den Leser Bastian immer enger und gewaltiger. Sie reißt ihn schließlich völlig hinein ins Reich magischer Phantasien. Einige unkommentierte Textpassagen mögen den Sog und die Kraft der Magie zeigen.

Alles andere, die Emotionen Bastians, die Visionen Atréjus, der Bastian sieht und die Stimme der Kindlichen Kaiserin sind nur Ausdrucksweisen dieser Kraft, die satanisch und sehr zielgerichtet Bastian anvisiert und schließlich mit sich zieht.

Dieser magische Sog, dem Bastian nicht entfliehen kann, verläuft nach der Handlungschronologie des Märchenromans mit zunehmender Steigerung.

»Dieses Buch fing langsam an, ihm unheimlich zu werden (vgl. S. 73).

Bastian fuhr zusammen, als er begriff, was er da eben gelesen hatte (Atréju hatte Bastian im ›Zauber Spiegel Tor‹ gesehen, der Verf.). Das war ja er! Die Beschreibung stimmte in allen Einzelheiten. Das Buch begann in seinen Händen zu zittern. Jetzt ging die Sache entschieden zu weit! Es war doch überhaupt nicht möglich, daß in einem gedruckten Buch etwas stehen konnte, was nur in diesem Augenblick und nur für ihn zutraf (vgl. S. 99).

›Ach‹, dachte Bastian, ›wie gerne würde ich ihr helfen – ihr und auch Atréju. Ich würde mir einen besonders schönen Namen ausdenken. Wenn ich nur wüßte, wie ich zu Atréju hinkommen kann! Ich würde sofort gehen. Was er für Augen machen würde, wenn ich plötzlich da wäre! Aber es geht ja eben leider nicht, oder?‹ Und dann sagte er leise:

›Wenn es irgendeinen Weg gibt, zu euch zu kommen, dann sagt's mir. Ich komme, ganz bestimmt, Atréju! Du wirst schon sehen‹ (vgl. S. 111).

Er verstand nun, daß nicht nur Phantásien krank war, sondern auch die Menschenwelt. Das eine hing mit dem anderen zusammen (vgl. S. 144).

Bastian erschrak (. . .)

Als er jedoch zu der Stelle kam, wo von der Kindlichen Kaiserin die Rede war, da hatte er für den Bruchteil einer Sekunde – nur so lang, wie das Zucken eines Blitzes dauert – ihr Gesicht vor sich gesehen. Und zwar nicht nur in seinen Gedanken, sondern mit seinen Augen (. . .).

Bastian wußte mit Sicherheit, daß er nie in seinem Leben etwas Schöneres gesehen hatte als dieses Gesicht. (. . .)

Und Mondenkind hatte ihn angeblickt – ihn, Bastian Balthasar Bux! (. . .) Nur eines wußte er sicher: Dieser Blick hatte ihn durch seine eigenen Augen hindurch, den Hals hinunter mitten ins Herz getroffen (vgl. S. 160–161).

Bastian fühlte, wie seine Hände vor Aufregung feucht wurden. ›Ich kann doch nicht‹, sagte er, ›ich weiß ja gar nicht, was ich tun muß. Und vielleicht ist der Name, der mir eingefallen ist, auch gar nicht der richtige‹ (vgl. S. 169).

Jetzt bekam Bastian es mit der Angst. Er hatte plötzlich das Gefühl, keine Luft mehr zu haben. Er fühlte sich wie in einem unsichtbaren Gefängnis eingeschlossen (vgl. S. 188).

›Mondenkind! Ich komme!‹

Im selben Augenblick geschahen mehrere Dinge zugleich. Bastian fühlte den Sturm in seinem Haar und Gesicht, er nahm ihm fast den Atem . . .« (vgl. S. 190).

Von dem Moment an, als Bastian einwilligt, nach Phantásien gehen zu wollen, überschlagen sich die Ereignisse. Wenn Ende sie auch durch Textpassagen überbrückt, die, in grüner Schrift gehalten, vom Phantásienreich handeln, so sind doch Bastians Reaktionen dem steigenden Sog ausgesetzt. Wieder einmal erweist sich Ende als Kenner des Okkultismus. Erst wenn der Mensch mit Leib und Seele einwilligt, fährt der Sturm der Hölle (Phantásiens) über ihn her und holt ihn ab in eine Wirklichkeit, in deren Bewußtsein ihm Hören und Sehen vergehen wird.

Über die Fabel der Geschichte, die Aufmachung des Buches zu einem Zauberbuch und in den okkulten Kräften, die dieses Buch erst recht durch Anwendung der Suggestion und Imagination auf den Leser wirken lassen, entpuppt sich zunehmend ein okkultes Werk, das die Absicht verfolgt, Heilung durch magische Phantasien zu vermitteln.

4. Magisch – okkulte Figuren

Da es nicht unbedingt notwenig ist, auf alle einzelnen Geschichten Phantásiens einzugehen, wie sie Ende in der ›Unendlichen Geschichte‹ entworfen hat, wählen wir den Weg der Literaturanalyse unter enger Verknüpfung mit der Fabel der Geschichte.

Die einzelnen Figuren sollen zunächst einmal in einer Zusammenstellung aufgelistet werden, bevor sie teilweise im Kontext der Fabel ihre Interpretation erfahren.

Figuren der ›Unendlichen Geschichte‹ und zwei magische Symbole (Zauberschwert und Zaubergürtel):

Name	**äußerliche Erscheinung**	**Handlungs-aufgabe**
Irrlicht/Blubb	im inneren eines runden Lichtscheins, eine kleine, äußerst bewegliche Gestalt, die in der rechten Hand eine winzige weiße Fahne trägt	Bote, Unterhändler
Riese/Namens Felsenbeißer, Pjörnrachzack	lebt nicht nur in Gebirgen, sondern auch direkt von Gesteinen	Bote, Unterhändler

Nachtalb/ Wuschwusel	vergleichbar mit einer pechschwarzen, fellbedeckten Raupe	Bote, Unterhändler
Kämmerer, Dienerinnen, weise Frauen, Sterndeuter, Magier, Narren, Boten, Köche, Akrobaten, Alchimisten		Hofstaat der Kindlichen Kaiserin
Dschinns	riesenhaft, turbangeschmückt	Boten
Kobolde	winzig	Boten
Trolle	dreiköpfig	Boten
Zwerge	bärtig	Boten
Feen	leuchtend	Boten
Faune	bocksbeinig	Boten
Schneegeister	glitzernd	Boten
Zwergenärzte	weiße Bärte und Buckel;	Ärzte Phantásiens
Feenärztinnen	blausilbern schimmernde Gewänder und funkelnde Sterne im Haar;	Ärzte Phantásiens
Wassermänner	mit dicken Bäuchen und Schwimmhäuten an Händen und Füßen	Ärzte Phantásiens
Schlangen		Ärzte Phantásiens
Bienenelfen		Ärzte Phantásiens
Hexer		Ärzte Phantásiens

Vampire		Ärzte Phantásiens
Gespenster		Ärzte Phantásiens
Cairon	Zentaurus; menschliche Gestalt bis zur Hälfte, der übrige Teil seines Körpers ist der eines Pferdes vergleichbar	berühmter, sagenumwobener Meister der Heilkunst, Bote der Kindlichen Kaiserin für Atréju
Bortentrolle	riesenhafte Kerle, Kerlinnen, die wie knorrige Baumstämme aussehen	Lebewesen des Haulewaldes
Morla	uralte, gewaltige Sumpfschildkröte	Wegweiser für Atréju
Glücksdrache Fuchur	Geschöpf der Luft und der Wärme, und der unbändigen Freude; gewaltige Körpergröße	Helfer für Atréju und Bastian. Verkörperung weißer Magie
Gnome Engywuck und Urgl	kaum höher als Atréjus Bein, Angehörige der Gnomenfamilie	Vertreter der Wissenschaft und der Homöopathie
Drei magische Tore	1. Große Rätsel Tor 2. Zauber Spiegel Tor 3. Ohne Schlüssel Tor	Eingänge zur Weisheit

Werwolf/Gmork	halbverhungert; Rippen sind einzeln zu zählen; Zähne wie eine Säge.	versteht sich auf Seelenfinsternis aller Art
Kindliche Kaiserin	unendlich zart; mandelförmige goldfarbene Augen; schmale, kleine Gestalt. *»Sie sah aus wie ein unbeschreiblich schönes kleines Mädchen von höchstens zehn Jahren, aber ihr langes Haar, das glatt gekämmt über ihre Schultern und ihren Rücken auf das Sitz-Polster herabfiel – war weiß wie Schnee‹.*[56]	Kaiserin von Phantásien. Anziehungspunkt für Bastian Vertreterin der weißen Magie
Graógramán/ Löwe	riesenhaft; wechselt seine Farbe entsprechend der Düne, die er durchläuft	Herr der Farbenwüste, bunter Tod Mutprobe für Bastian
Sikánda/ Zauberschwert	Blätter der Schneide bestehen aus gleißendem Licht; zweischneidig und leicht wie eine Feder	Schutz für Bastian

Xayíde/Magierin	größer als Bastian und schön *»Sie trug ein langes Gewand aus violetter Seide, ihre Haare waren rot wie Feuer und zu einer höchst wunderlichen Frisur aus Flechten und Zöpfen aufgetürmt. Ihr Gesicht war marmorblaß, ebenso ihre langen schmalen Hände. Ihr Blick war merkwürdig und verwirrend. (. . .) Sie hatte zwei verschiedene Augen, eines war grün und eines rot.«*[57]	Vertreterin der schwarzen Magie
Gémmol/ Zaubergürtel	schmal; eine Art Kette, aus beweglichen Gliedern bestehend; jedes Glied, auch die Schließe, sind aus klarem Glas	Bastian unsichtbar werden lassen (Geschenk von Xayíde)
Yor	großer, alter Mann; bartloses Gesicht ohne Furchen; blinde Augen	Führt Bastian indirekt a. den Weg i. die ›Menschenwelt‹ zurück
Schlangen	reglose Riesenleiber, glänzen wie unbekanntes Metall; nachtschwarz die eine, silberweiß die andere	weiße und schwarze Magie Hüter des Wassers des Lebens

Wenn man die in der Tabelle aufgeführten Figuren näher untersucht, so stellen sie insgesamt eine Abbildung zahlreicher Mythen und okkulter Systeme dar, die Ende seit über dreißig Jahren studiert hat. Die Tabelle ließe sich noch um einige Gestalten erweitern.

Mit Ausnahme weniger Figuren fällt an allen ihre abgrundtiefe Häßlichkeit auf. Ihre äußere Erscheinung ist entweder unharmonisch unterbrochen oder aber im Gesamteindruck abstoßend. Mag die Verfilmung des Märchenromans den Felsenbeißer oder den Winzling verniedlicht haben, so sind sie doch als finstere, häßliche Gestalten gedacht. Alle Wesen Phantásiens sind okkulte, magische Wesen. Jedes hat innerhalb seines Mythos seine Bedeutung und Legitimation. Ende erweist sich hier als wahrer Meister seiner Kunst. Seine Figuren verbreiten durch ihre Erscheinung und Handlungsweise den Effekt der Verfremdung und Verunsicherung. Sie entfremden den Leser seiner ihm gewohnten Wirklichkeit und verunsichern seine Gefühle, wenn sie ihn auffordern, sich mit ihnen zu identifizieren.

Die Gestalt der Kindlichen Kaiserin beseitigt diese Gefühle für einen Moment, um den Leser beim Lesen zu halten. Doch sobald sie verschwindet, steckt dieser wieder im Reich der Finsternis und deren Gestalten.

Neben den finsteren, grausigen Figuren stehen die lieblichen, freundlichen. Die schon in ›Momo‹ festzustellende Mischung von weißer und schwarzer Magie taucht wieder auf. Neben dem Schattenwesen des Werwolfes und der Magierin stehen die Kindliche Kaiserin, Atréju und Fuchur, der Glücksdrache. Wieder ist somit im Reich der Finsternis ein Kampf, angeblich um gut oder böse, heilsam oder todbringend, entbrannt. Daß es sich aber letztlich nur um die Einbeziehung möglichst vieler Leser in das Reich des Okkulten handelt, wird dabei vollkommen übersehen. Die ›Unendliche Geschichte‹ weist Ende geradezu als Meister der Magie aus, denn die Kindliche Kaiserin ist in Wirklichkeit ein Symbol für Luzifer, und die Schlangen sind ein Symbol für die Finsternismächte. Dies wissen jedoch nur noch wenige Leser.

Befassen wir uns exemplarisch für all die vielen magischen Figuren mit einigen aus dem Mysterienspektakel der ›Unendlichen Geschichte‹. In der Berücksichtigung des Ortes, in dem sie auftreten oder mit dem sie in Verbindung gesetzt sind, bekommen sie eine ganz besondere Prägnanz. Man könnte analog der Figurentabelle eine Ortstabelle aufstellen. Auch sie würde eindrücklich okkulte Orte und Landstriche ausweisen.

Schon gleich zu Beginn seiner Reise, nach einer Heilung für seine Kaiserin suchend, wird Atréju verfolgt. Was der Leser schon seit längerem weiß, ist dem Helden noch unbekannt. Ein Wesen aus der Finsternis stellt ihm nach. *»Die Nase immer am Boden, trabte er auf Atréjus Spur durch die Felsenwüste der Toten Berge. Die Zunge hing ihm weit aus dem Maul, er hatte die Lefzen hochgezogen, so daß sein fürchterliches Gebiß zu sehen war. Die Frische der Witterung sagte ihm, daß ihn nur noch wenige Meilen von seinem Opfer trennten.«*[58]

Mit dem großen Wolf, der so groß wie ein Ochse ist und Atréju verfolgt, ist der Werwolf als Figur in die Handlung des Zauberbuches eingeführt.

Der Gevatter Werwolf ist in allen Mythologien eine bekannte Gestalt. In dem Wort Wer- steckt das althochdeutsche Wort für Mann bzw. Mensch. Der Werwolf symbolisiert die im Schlaf den Menschen verlassende Seele, die sich in einen Mensch werdenden Wolf verwandelt.

Diesen finsteren Gestalten stehen die lichten gegenüber. Wir werden eigens auf die Kindliche Kaiserin eingehen.

Neben den Figuren fallen die drei magischen Tore, das Zauberschwert und der Zaubergürtel auf.

Die drei magischen Tore führen Atréju zu der Uyulála, von der er endlich erfährt, woran die Kindliche Kaiserin leidet und was sie erretten kann. Von Engywuck, dem Gnom, hört Atréju etwas über die Eigenarten der drei magischen Tore.

Das erste, das Große Rätsel Tor, wird von zwei Sphinxen umrahmt. Die Besonderheit der Sphinxen, so erfährt Atréju von Engywuck, liegt in ihrem Blick. Statt durch diesen etwas wahrzunehmen, senden sie durch ihre Blicke etwas aus.

»Aber eine Sphinx sieht nichts, sie ist in gewissem Sinne blind. Dafür senden ihre Augen etwas aus. Und was ist das, was ihr Blick aussendet? Alle Rätsel der Welt.«[59]

Das zweite, das Zauber Spiegel Tor, ist im wahrsten Sinne des Wortes ein magisches Tor. In dem Spiegel sieht man nicht seine äußere Gestalt, so wird Atréju von Engywuck belehrt, sondern sein wahres Inneres. *»Wer da durch will, der muß – um es mal so auszudrücken – in sich selbst hineingehen.«*[60]

In diesem Spiegel erscheint Atréju Bastian. Damit ist die magische Bedeutung des Zauber Spiegel Tores angedeutet. Wie im Okkultismus verbreitet, dienen solche Spiegel den Zwecken des Hellsehens. Ende verbindet damit auf geschickte Weise Erkenntniserweiterung für Atréju mit dem Hellsehen der Magie.

Das dritte Tor, das Ohne Schlüssel Tor, läßt sich nur von jemandem öffnen, der vollkommen willenlos ist. Erneut erscheint mit diesem Tor ein ganz wesentliches Element der Magie. Nur wer sich ihr willenlos, passiv, vollkommen ausliefert, wird in die Tiefen der Magie eindringen können. Wenn Ende dieses Motiv auch geschickt in einen Märchenzusammenhang setzt, so hebt er die eigentliche Wirkung dadurch nicht auf, sondern verstärkt sie im Gegenteil in erheblichem Maße. Für Atréju ist die Passivität, das Willenlossein ja geradezu die Voraussetzung dafür, um zu dem Südlichen Orakel zu kommen, um seinem Auftrag gemäß dadurch Phantásien zu retten. Unter dem Vorwand der guten Absicht, der selbstlosen Tat, werden Magie und Okkultismus salonfähig, werden sie zur Heilung für eine kranke Welt.

Vergleichbar den fünfzig Toren der kabbalistischen Intelligenz, führen drei Tore in der ›Unendlichen Geschichte‹ zur Erkenntnis. Die Analogie ist auffällig, die Methode sinnfällig, die Absicht schlau, die Wirkung auf den Leser fatal. Bei Michael Ende erfährt der Leser keine Märchen, sondern in Märchenform gegossenen Okkultismus. Wie die Wirkung seiner Heilmedizin aus magischen Phantasien ist, zeigte Bastians Einstieg ins Reich Phantásien und zeigen die einzelnen Figuren und Symbole innerhalb der Handlung. Wer diese genau verfolgt, sieht, wie solche Medizin den Menschen aussaugt und ihn umfunktioniert zu einem Wesen, das einem angeblich eigenen Willen folgt und dabei nicht mehr merkt, wie dieser von fremden Mächten geleitet und gesteuert wird. Treu der Maxime: Tu was du willst!, verliert er sich selbst und liefert sich an die Mächte der Magie, des Okkultismus und des Diabolos aus.

Schließlich noch einige Gedanken zu dem Zauberschwert und dem Zaubergürtel. Beide versetzen Bastian in für ihn bisher fremde Möglichkeiten. Das Schwert läßt ihn unbesiegbar sein, der Gürtel ihn unsichtbar werden. Ausgerüstet mit Zaubergegenständen wird Bastian verzaubert und kann selbst zaubern. Der Reiz der grenzenlosen Möglichkeiten, Macht und Allwissenheit durch unsichtbare Allgegenwart, machen aus dem kleinen Bastian einen Halbgott. Beide Zaubergegenstände bekam er von finsteren Geistern. Die Auflösung der beschränkten Dreidimensionalität und der körperlichen Determination bieten Anreize für Menschen, dämonische Gaben als Glücksgaben anzusehen und entsprechend für sich einzusetzen.

Eine zentrale Figur der ›Unendlichen Geschichte‹ ist die Kindliche Kaiserin.

In der Wochenzeitung der ›Spiegel‹, Nr. 14/1984 wird Endes Buch: ›Der Spiegel im Spiegel‹ besprochen. Bevor der Rezensent auf dieses Buch eingeht, erwähnt er ganz allgemein Endes Hintergründe und Quellen, aus denen er für seine Bücher schöpft. Unter anderem wird die Kindliche Kaiserin als Mondenkind Luzifer identifiziert. Aus dem Mondenkosmos, der nach der Weltschöpfungslehre Steiners dem Erdenreich vorausgeht, kommt die Kindliche Kaiserin. Bastian nennt sie Mondenkind. Sie ist mit diesem Namen gerettet und identifiziert als ein Kind vom Mondenkosmos. Als Lichtträgerin, als Hüterin des Lebens in Phantásien, ist sie Luzifer gleich, der vor seinem Fall ein mächtiger und gewaltiger Engelfürst war. Mit dieser Gleichsetzung von Kindlicher Kaiserin und Mondenkind

Luzifer wird erneut deutlich, daß Ende nicht nur ein Märchen geschrieben hat, dessen Figuren, so häßlich und furchterregend sie auch sein mögen, letztlich nur Märchenfiguren sind, sondern Sinnbilder für die Realität des Okkulten. Bastian, der in Phantásien selbst die Kindliche Kaiserin nie wieder antrifft, obwohl er sie inständig sucht, ist von dieser gerufen und ins Reich der Magie geführt worden. Wie schon bei ›Momo‹, so auch in der ›Unendlichen Geschichte‹, führt die weiße Magie hinein ins Land der magischen Phantasien und wird hier dann bald von der schwarzen Magie übernommen. Nicht umsonst ist die Zusammenkunft Bastians mit Xayíde, der ›mächtigsten und schlimmsten Magierin Phantásiens‹, so ausführlich im Märchenroman dargestellt. Sie ist Satan, so Ende, der Bastian an die Erde binden und zu einem falschen Gott machen will.

5. Bewertung: Erlösung durch magische Maxime?

Schon verschiedene Male erwähnten wir das Amulett, das ›Kleinod‹, das ›Pantakel‹, den ›Glanz‹, Auryn genannt, das von Cairon über Atréju an Bastian gelangt, der es in Phantásien trägt und sich nach dem Leitvers, der auf diesem aufgeschrieben ist, richtet. Über Auryn ist jeder, der dieses Zeichen in Phantásien trägt, mit der Kindlichen Kaiserin von den Bewohnern Phantásiens identifiziert. Der ›Glanz‹, wie Ende dieses Halsamulett auch nennt, erinnert an Luzifer, an die Kindliche Kaiserin. Neben dem Namen ›Glanz‹ erwähnt Ende für Auryn auch die Bezeichnung Pantakel. Ein Pantakel ist eine Bezeichnung für einen Gegenstand einer bestimmten geometrischen Figur, die am Hals oder auf der Brust getragen wird. Das auf dem Pantakel eingelegte Zeichen oder seine eingravierte Botschaft dienen in der zeremoniellen Magie als wirksames Schutzmittel. Die Zeichen oder Schriftzüge richten sich immer nach dem magischen Verwendungszweck, dem sie als Mittel dienen. So ist die Anwendung des Auryn entsprechend eines Pantakels. Ende schreibt: *»Es war AURYN, das Kleinod,* *der Glanz, das Zeichen der Kindlichen Kaiserin, das seinen Träger zu ihrem Stellvertreter machte! Mondenkind hatte ihm ihre Macht über alle Wesen und Dinge Phantásiens hinterlassen. Und solange er dieses Zeichen trug, würde es sein, als wäre sie bei ihm. Bastian blickte lange die beiden Schlangen an, die helle und die dunkle, die einander in den Schwanz bissen und ein Oval bildeten. Dann drehte er das Medaillon um und fand zu seiner Verwunderung auf der Rückseite eine Inschrift. Es waren vier kurze Worte in eigenartig verschlungenen Buchstaben: ›Tu Was Du Willst.‹«*[61]

Bastian, soviel steht fest, ist durch Auryn für die ihm entgegentretenden Mächte Phantásiens gezeichnet. Er gehört durch das Zeichen zur Herrscherin Phantásiens, die von allen geachtet wird. Selbst die große Hexe Xayíde hat Achtung vor dem Träger des Auryn. Die Macht und die Überlebensmöglichkeit im Reich der Magie durch das Pantakel ist wieder kennzeichnend für Endes magischen Realismus. Wer das Zeichen Satans trägt, ist für eine ganze Anzahl von ›Unterdämonen‹ unangreifbar. Er ist durch das Zeichen Eigentum Luzifers und in dessen Machtbereich gestellt.

In der ›Unendlichen Geschichte‹ hat Auryn eine zweifache Aussagekraft: einmal identifiziert es den Träger mit der Kindlichen Kaiserin, mit Mondenkind Luzifer, und zum anderen verleitet es zu Macht und auf falsche Wege, die in die Abhängigkeit des Satans führen. Die angeblichen Märchen der ›Unendlichen Geschichte‹ sind nichts anderes als Magie und Okkultismus in reinster Form. Wenn man die magischen Hintergründe nicht beachtet und die ›Unendliche Geschichte‹ nur als ein Märchen, vielleicht noch mit tiefenpsychologischer Dimension ansieht, so ist man auf dem besten Weg, der Heilung durch magische Phantasie zu erliegen. Der Weg Bastians in Phantásien gleicht dann einem Reinigungsweg oder einem Weg zur eigenen Identitätsfindung. Ähnliche Interpretationen sind häufig zu hören. Wir müssen diese Auslegungen als vordergründig zurückweisen. Eher ist Bastians Phantásienreise einer Seelenwanderung und -manipulation vergleichbar, wie sie in den okkulten Systemen, die Ende studierte, enthalten sind.

Mittlerweile ist bei den Interpreten ein Meinungsstreit entbrannt, auf wen der Satz: ›Tu was du willst!‹ zurückgehe und auf wen ihn Ende selbst zurückführe. Als ältester Schöpfer der Aufforderung wird der Kirchenvater Augustinus genannt. Von ihm stammt die Aussage: ›Liebe, und tu was du willst!‹ Nach ihm ist François Rabelais zu nennen, der in seinem Werk: ›Gargantua und Pantagruel‹ schreibt: »Eine bestimmte Lebensweise wird ihnen (einer Gruppe von Mönchen, der Verf.) durch Gesetz, Statuten oder Regeln nicht vorgeschrieben, sie ordneten sie ganz nach ihrem Willen und Belieben: standen auf, wann sie wollten, aßen und tranken, wann sie Appetit hatten, und arbeiteten oder schliefen, je nachdem sie die Lust dazu ankam. Ihre ganze Ordensregel bestand aus einem einzigen Paragraphen, der lautete: TU, WAS DIR GEFÄLLT!«[62] Der Orden, von dem hier die Rede ist, ist der Orden der Abtei: ›Thelema‹ (= Willen).

Nach Rabelais hat Crowley (1875–1947), der größte Satanist des 20. Jahrhunderts, die Devise ›Fay ce que vouldras‹ (Tu, was du willst) als Wort des Gesetzes für seinen Geheimorden erklärt.

Er veröffentlichte seine Gesetze in folgendem Wortlaut:

»An die Menschen!
Tue was du willst, soll das ganze Gesetz sein.
Da mein Amtsantritt auf Erden im Jahre der
Gründung der Theosophischen Gesellschaft gekommen
war, nahm ich – weil an der Reihe – die Sünde
der ganzen Welt auf mich, damit die Prophezeiungen
erfüllt werden, auf daß die ganze Menschheit den
nächsten Schritt tun kann von der Magischen Formel
des Osiris zu der des Horus.
Und da meine Stunde nun auf mir liegt,
verkünde ich das Gesetz. Das Gesetz ist Thelema.«[63]

In dem Manifest Crowleys wird die Erlösung der Menschen

durch ihn suggeriert, als hätte er die Sünden der Menschheit auf sich genommen. Die Anspielung auf Jesus ist ebenso deutlich wie bei Endes ›Momo‹ oder seinem ›Wasser des Lebens‹. Doch wie bei Crowley, so auch bei Ende, dienen diese Anspielungen nur zur Verführung. ›Tu was du willst!‹ ist eine eindeutig dämonische Handlungsmaxime. Schon Eva wurde mit diesem Satz, wenn auch indirekt, verführt. Die Folgen zeigten sich auf der Stelle. Zuerst die Verführung, mit der Schönheit, Größe und Machtfülle verkoppelt sind – und dann das Ende. Bei Augustinus und dies ist genau zu beachten, ist zu Beginn die hingebungsvolle, sich opfernde Liebe gemeint, aus der sich dann das : »Tu was du willst!«, ableitet. Wer so liebt, wie Christus es getan hat, der kann tun was er will, er bleibt immer in Christus. Dabei ist festzustellen, daß er nicht zuerst tut was er will, sondern zuerst liebt. Für seine Handlungen ist die Liebe Christi vorbildlich und vorrangig. Erst dann kommt sein Wille, der an die Liebe gebunden, nun zu Handlungen, zu Entscheidungen führt. Bei Rabelais, bei Crowley und bei Ende steht aber zu Beginn: ›Tu was **du** willst!‹ Wir sehen, daß Augustinus als Bezugsquelle für Endes ›Tu was du willst!‹ ausfällt. Übrig bleiben Rabelais und Crowley. Beiden ist der magische Hintergrund ihrer Maxime identisch. Rabelais zeigt ihn in seinem Roman und Crowely in seinem Tun. Forderte dieser seine Anhänger doch dazu auf, das zu tun, was tief in ihnen verborgen war: ›Tu, was tief in dir drin steckt – geh diesem nach!‹ Ende zeigt dies ebenfalls. Bastian wird zum Sklaven seiner Wünsche. Diese führen ihn soweit, so daß er schließlich selbst zum Herrscher Phantásiens werden möchte. Um dieses zu verhindern, greift weiße Magie ein.

Wichtig ist, die Lebensmöglichkeit des Satzes: ›Tu was du willst!‹ zu überprüfen. Wenn man dies tut, so stellt man schnell fest, daß man nur im Bösen unendlich tun kann was man will.

Die in letzter Zeit aufgekommenen Zombie- und Horrorfilme zeigen auf ihre Weise den teuflischen Sog der Handlungsmaxime: ›Tu was du willst!‹ Den Abscheulichkeiten scheint keine Grenze gesetzt zu sein. Umgekehrt, wenn man das Gute, wie es durch die Gebote Gottes und das Gebot der Nächstenliebe ausgewiesen ist, tun will, tritt man auf der Stelle. Wir Menschen können nicht das tun, was wir wollen, es sei denn, wir wollen permanent das Böse. Die guten, gottwohlgefälligen Handlungen können wir nur dann vollbringen, wenn wir in der Gemeinschaft mit Gott leben. Er möchte auch das Heil der Menschen, aber nach seinen Geboten und seinem Willen. Wer diese erfüllen will, benötigt die Vergebung seiner Sünden und die Führung des Heiligen Geistes in seinem Leben. Die Handlungsmaxime lautet dann nicht mehr: ›Tu was du willst!‹, sondern: ›Tu, was das Wort Gottes dir sagt, was der Geist Gottes dir deutlich macht!‹

Im ersten Fall wird der Mensch zum Gott, im zweiten lebt er, um seinem Schöpfer die Ehre zu geben.

Christen antworten so dem ›Tu was du willst‹ Endes mit dem Hinweis auf Gott, der von sich sagt, daß er ein heiliger Gott ist und keine anderen Götter neben sich duldet. Sie zeigen, daß sie bewußt ihren Willen unter die Führung des Willens Gottes stellen, weil dieser für sie die Quelle des Lebens ist und nicht die eigenmächtige, den Menschen verführende ›Tu-was-du-willst-Religion‹ der Heilung aus magischen Phantasien. Diese endet, wie Bastian, an der Quelle des angeblichen Wassers des Lebens, die von Schlangen umschlossen ist. Leben und Tod sind hier noch nebeneinander, die Möglichkeit zum Leben für Bastian noch möglich, weil er andere ins Reich der magischen Phantasie holen soll. Zu wirklichem Leben in Gott gehört die Überwindung des Bösen durch Jesus Christus am Kreuz von Golgatha. Wie bei ›Momo‹, so endet auch die ›Unendliche Geschichte‹ nur in einem vorgetäuschten Lebensglück.

Bastian ist ins Leben der Wirklichkeit als ein Veränderter zurückgekommen, weil er anderen den Weg nach Phantásien zeigen soll. Michael Endes ›Missionsfeldzug‹ hat damit begonnen. Viele Millionen Menschen folgen ihm ins Reich der magischen Phantasien.

Ende benutzt sein Zauberbuch, um Millionen Menschen mit

seiner Botschaft zu erreichen, Gott aber widersteht der Zauberei und Manipulation. Er braucht Zeugen und Jünger, die die Veränderung ihres Lebens für ihre Umwelt sichtbar werden lassen in allen Lebensbezügen. Die Botschaft der Bibel wirbt in liebender Weise um den Menschen. Die Botschaft Endes packt den Menschen, will ihn hineinziehen in die Wirklichkeit der Magie.

Letztlich muß jeder entscheiden, was er will. Er kann nicht tun, was er will, aber sich entscheiden, wem er sich hingeben will, Gott oder Satan. Über kurz oder lang werden die Endeschen Märchen vergessen sein, weil sie ihre Wirkungen gezeitigt haben. Nach ihnen und über ihnen wird sich die Wahrheit Gottes offenbaren.

Die ›Unendliche Geschichte‹ ein christliches Märchen?, wie Erich Rammerskirch[64] fragt? Nein, keinesfalls! Die ›Unendliche Geschichte‹ ist der Weg ins Reich der Magie, aus der nur der aussteigen kann, der ihr bewußt entsagt und Gott zusagt.[65]

IV. ›Der Spiegel im Spiegel‹

Dieses Buch ist eine Geschichte in dreißig Geschichten. Gut ein Dutzend Lithographien und Radierungen seines Vaters Edgar Ende illustrieren das Werk: ›Der Spiegel im Spiegel‹.

Die einzelnen Geschichten sind labyrinthisch miteinander verwickelt. »Verwüstete Seelenlandschaften, schreckliche Taten, apokalyptische Visionen drängen sich, von der Saugkraft surrealer Zeichnung oder der nachtmahrischen Unabwendbarkeit Kafkas; klassische Mythen glimmen zuweilen durch, Minotaurus und das Labyrinth Ikarus, aber auch Mythen des Alltags«, schrieb treffend ein Rezensent[66] über den Inhalt des Buches.

Wie eingangs angedeutet, ist die surrealistische Kunsttheorie (vgl. S. 17f. in diesem Buch) im ›Spiegel im Spiegel‹ von Michael Ende literarisch umgesetzt worden. Was sein Vater in der Malerei versuchte, versucht der Sohn im Buch und der Schriftstellerei. Die Intention lautet für ihn dabei: Vorstellungen hervorzurufen, die im Unbewußten des Rausches, der Halluzination, dem Traum und der Magie vorhanden sind. All dies ist Ende in dem Buch vortrefflich gelungen. Dabei gibt er vor, nach dem Spiegel- und Labyrinthmotiv vorgegangen zu sein. Was haben wir darunter zu verstehen?

1. Perversionen

Liest man das Buch, so erhält das Spiegelmotiv die Bedeutung der Selbsterkenntnis. Ende will damit zeigen, in welcher Weise sich menschliche Handlungen, Wünsche, Träume und Lebenssituationen im Reich der Magie, in der Wirklichkeit hinter der Wirklichkeit, spiegeln.

Wie in einem Zauberspiegel erscheint alles verwickelt, entstellt und abbildlich festgehalten. Menschen, etwa ein Tänzer, versuchen sich in ihrem eigenen Spiegelbild, immer weiter zu verlieren. *»Er begann nachzurechnen, wie oft er sich wohl schon in sein Spiegelbild und das Spiegelbild seines Spiegelbildes verwandelt haben mochte, . . .«*[67]

Ähnlich den Spiegeleffekten, in denen Selbsterkenntnis durch magische Erscheinungen suggeriert werden soll, verhält es sich mit dem Labyrinthmotiv. Verwirrende Gänge immer wieder auf's Neue durchlaufend, sucht der Mensch den Ausgang aus seinen Hoffnungslosigkeiten. Es ist nur zu realistisch, wenn Ende Spiegeleffekte und Labyrinthe verwendet, um die heillose Seelenlandschaft des Menschen zu zeigen. Fatal ist bei ihm nur, daß er gleichzeitig hierin die eigentliche Selbstfindung des Menschen sieht.

Was einem in Spiegeln und Labyrinthen alles begegnet, ist bei Ende in magischen Systemen und Symbolen hinreichend ausgezeichnet.

Hier einige Textpassagen. Da ihre Inhalte, wenn auch nicht bezogen auf die jeweilige Geschichte, deutlich sind, lassen sich hinter dem Spiegel- und Labyrinthmotiv die magischen Anwendungen finden.

– »Der Sohn hatte sich unter der kundigen Anleitung seines Vaters und Meisters Schwingen erträumt. Viele Jahre hindurch hatte er sie Feder um Feder, Muskel um Muskel und Knöchelchen um Knöchelchen in langen Stunden der Traumarbeit gebildet, bis sie mehr und mehr Gestalt annahmen.«[68]

– »Oben am Orgeltisch saß ein mächtiger Mann mit nacktem, schweißnassem Oberkörper vor der Tastatur. Sein langes, graues Haar und sein Bart waren ein verfilztes, fettiges Gestrüpp, sogar auf den Schultern und dem Rücken wuchs ihm ein borstiges Fell. Rittlings auf seinem Schoß, die Arme um seinen Nacken geklammert, saß die junge Frau. (. . .) Ihr Gesicht war von Schweiß und Tränen überströmt. Sie hielt die Augen geschlossen, den Mund wie zu einem unhörbaren Schrei aufgerissen, während er mit weitausholenden Bewegungen seiner Arme und Beine das Instrument bearbeitete. Die Töne ließen die ganze Empore vibrieren.«[69]

– ». . ., daß das hohe Gericht die absolute Notwendigkeit der Einhaltung eines bestimmten Zeitpunktes der Verkörperung erkennen wolle.«[70]

– »Die kleine Tür öffnete sich, und herein schob sich eine monströse Gestalt, langsam und mit kleinen ruckartigen Schrittchen. (. . .) Sie trug eine Art von zinnoberrotem Kimono, der allenthalben mit gestärkten Draperien versehen war. (. . .) Sichtbar waren nur die Hände, die klein und weiß und mit gespreizten Fingern aus den Stoffmassen hervorragten und lange, spitze Nägel hatten.«[71]

– »Vor dem mittleren Balkengerüst angekommen, drehte sie den Zuschauern den Rücken zu, straffte sich in den Schultern, blickte zu dem Rotgewandeten hinauf und zog dann mit einem entschlossenen Ruck das Tuch von der Schüssel. Diese war fast bis zum Rand mit warmem, noch dampfendem Blut gefüllt, in dem, nur halb erkennbar, irgendwelche Organe schwammen.

Im selben Augenblick fuhr der Rotgekleidete von seinem Stuhl auf, sein Puppengesicht verzerrte sich zu einer schrekkenerregenden Grimasse der Gier oder der Wut, er stieß den kleinen Tisch beiseite, so daß dieser polternd und krachend die Stufen hinunterschlug, dann fuhr er selbst mit unbegreiflicher Schnelligkeit herab und blieb unmittelbar vor der jungen Frau stehen, die ihn gelähmt vor Entsetzen anstarrte. Der Rotgewandete machte einige tanzartige, greifende Bewegungen in der Luft, während sein Gesicht sich nun völlig entstellte und nichts Menschenähnliches mehr hatte. Dann brach er plötzlich los, fuhr mit den Händen in die Schüssel, als suche er etwas Bestimmtes, fischte ein Organ heraus, das vielleicht ein winziges Herz war und stopfte es sich gierig in den Mund und schlang es hinunter. Er wühlte von neuem in der Schüssel, dabei bespritzte er die Trägerin mit Blut. Kaum war das geschehen, warf er, was er in den Händen hielt, fort und zeigte stieren Blickes, keuchend und gurgelnd, mit seinen bluttriefenden Fingern auf die roten Flecken auf dem Hemd der jungen Frau. Er ballte seine Rechte zur Faust, schlug zu und traf sie *mit solcher fürchterlichen Wucht gegen die Schläfe, daß sie ohne einen Laut tot zu Boden stürzte. Die Porzellanschüssel zerschellte.«*[72]

Wie die ausgewählten Textstellen zeigen, geben sich Magie und Brutalität, Pornographie und ekelerregende Grausamkeit im magischen Spiegel Endes die Hand. Ob all dies dem menschlichen Labyrinth eigener Selbstfindung zu entnehmen ist, steht auf einem anderen Blatt. Auf jeden Fall zeigt Endes Schilderung jetzt blanken Okkultismus härtester Gangart. Wie hier Organe verspeist und menschliche Sexualität pervertiert wird, erinnert an Orgien Crowleys und an Videohorror. Überall in diesem Mysterienspektakel leuchtet aber noch immer die magische Formel: Heilung durch magische Phantasien. Über den Weg der liebenswürdigen Momo und dem hilflosen, dicken, schüchternen Bastian, gelangt man zum ›Spiegel im Spiegel‹. Das wahre Gesicht, die eigentliche Absicht Endes, erscheinen im Spiegel seines Buches ebenso wie die von ihm in diesem sich brechenden Bilder der menschlichen Mythologie, der Magie und des Okkultismus. Ohne es vielleicht zu beabsichtigen, entlarvt er sich und offenbart jetzt ein weiteres Mal die Quellen, aus welchen er seine Inhalte schöpft. Muß man erst durch die Endeschen Spiegel und Labyrinthe, um heil zu werden? Wenn ja – dies dürfte wohl Endes Antwort auf die Frage sein –, so scheint man nun endgültig verloren und verlassen zu sein. Gefangen in dem Bilderwust solcher Geschichten ist man dem Durcheinanderwerfer vollends ausgeliefert. Die Heilung entlarvt sich als eine Tötung, die Phantasie als eine Zerstörung menschlicher Kreativität zu animalischen Regungen, chaotischen Seelenbildern und endgültiger Abhängigkeit von den Geistern, auf die man sich einließ, als man Endes Bücher las.

2. Kannibalismus

Abschließend sei die Geschichte weitergegeben, die wohl die eindeutigste ist, was den Hintergrund der Endeschen Literaturinspiration betrifft. Gleichzeitig wird anschaulich, daß von der Magie alles zerstört wird. Man hat an manchen Stellen des Buches ›Der Spiegel im Spiegel‹ den Eindruck, als würden die grausamen Riten Crowleys nun in getarnten ›Innenbildern‹, Traumsymbolen, Spiegeleffekten und Labyrinthschilderungen salonfähig gemacht.

»Moordunkel ist das Gesicht der Mutter. Breithüftig hockt sie auf dem Tisch und kaut. An der Wand lehnt die Standuhr, ein Riese, der die Stunden schlägt ohne Pause, die Stunden der Reue, die Stunden der Gebete, die blauen Stunden, die Morgenstunden, den Stundentag. Und die Nacht.

Die Mutter schaut ihn nicht an, den Riesen. Sie blickt an ihm vorbei zum Fenster hinaus und spuckt verächtlich. Draußen geht der Same auf, blüht und verwelkt.

Im dunklen Gang regt sich ein magerer Schatten, ihr Mann.

›Soll ich den Kaffee machen?‹ fragt er mürrisch.

Die Mutter hat nichts gehört. Sie schnarcht. Und während sie schnarcht, gebiert sie drei Kinder. Der Knabe ist tot, die beiden Mädchen leben. Der Mann nimmt die Mädchen und trägt sie in die Stube, wo schon viele Kinder sind. Den Knaben legt er draußen zwischen die Saat. Die Mutter ist aufgewacht und kaut wieder. Der Mann geht in den Stall und betrinkt sich. Die Kühe kauen wie die Mutter.

Der Mann schlachtet eine Kuh. Die Mutter ißt sie auf und er und die Kinder. Die Saat geht auf. Alle essen Brot und löffeln die Milch der Mutter und der Kühe.

Der Mann liegt auf dem Ofen und schläft. Die Mutter gebiert wieder zwei Kinder. Die Kühe kauen. Der Vater schlachtet die Mutter. Er ißt sie auf mit den Kindern, auch der Hund bekommt ein Stück. Der Mann bemerkt seinen Irrtum, geht in den Stall und betrinkt sich.

Während er schläft, klettert die älteste Tochter auf den Tisch. Ein Schatten regt sich im Gang, ein fremder Mann. Die Standuhr schlägt blaue und andere Stunden.

Und die Nacht.

Die Tochter gebiert zwei Kinder. Als der Vater zurückkommt und alles sieht, weint er ein bißchen. Später legt er sich in die Sonne und bleibt liegen.

Der Fremde vergräbt ihn unter der Saat, die aufgeht. Die Tochter kaut. Der Fremde geht in den Stall und betrinkt sich.«[73]

In dieser Geschichte scheint die Lebensmythologie der Magie voll durchzuschlagen. Essen und animalische Fortpflanzung stehen zunächst im Mittelpunkt der Geschichte. Die Zeit geht an beiden vorbei, sie sind in diese eingebunden. Die Mutter und darüber hinaus die Frau schlechthin, werden zu einer Gebärmaschine herabgesetzt und damit entwürdigt. Die Mutter der Geschichte funktioniert in dieser Hinsicht scheinbar gut. Schließlich wird sie von ihrem Mann geschlachtet und von ihm und seinen Kindern aufgegessen. Dies geschieht alles einfach so, ohne daß sie sich wehrt, es geschieht, was geschehen soll – das Leben geht weiter!

Auf diese Art und Weise wird Kannibalismus verharmlost und menschliches Leben auf rein funktional-animalisches Sein reduziert. Die Würde des Menschen ist vollkommen dahin.

Der ewige Kreislauf von Geburt und Tod, den man intellektualisierend in dieser Geschichte entdecken könnte, ist die Alibifunktion der Geschichte. Denn im Grunde ist nur eines wichtig: die Realität der Finsternis. Diese wird deutlich und abschreckend in ihrer Wirkung gezeigt.

3. Bewertung: Erlösung durch Träume?

Michael Ende versucht in seinem Buch ›Der Spiegel im Spiegel‹ eine Art Traumdeutung der Menschheit. Seine nach surrealistischem Vorbild geschriebenen Geschichten sollen Traumsymbole und -inhalte der Menschen darstellen. Dabei ist bei ihm zu beachten, daß die Träume Phantasieerlebnisse, magische Bilder der Menschen spiegeln. In Form des Traumes soll dem Leser dieses ungewöhnliche Buch nahegebracht werden. So liest man auf dem Umschlag des Buches: »Spiegel im Spiegel stellt in vielerlei Hinsicht Anforderungen an den Leser. Er ist der andere Spiegel, der das Buch zum Leben erweckt, indem er seine Erfahrungswelt, seine Erinnerungen, Ahnungen und Ängste, aber auch Hoffnungen in die Bilder einfließen läßt. Man behauptet immer, Träume hätten eine heilende Wirkung. Vielleicht gilt das auch für dieses Buch, das doch so viel mit dem Traum gemein hat.«

Die angekündigte Identität von Buchinhalt und Trauminhalt stimmt insofern, als der Traum symbolisch Inhalte vermittelt und durch Magie beeinflußt werden kann. Andererseits ist es aber ein schlau erdachter Trick, den Leser an Traumerlebnisse zu erinnern, wenn er dieses Buch liest. So wird ihm der okkulte Inhalt des Buches verharmlost. Er kann, an seine Träume erinnert, ja jederzeit sagen: ›. . ., das sind ja nur Träume!‹ Bei dieser Einschätzung hält er es dann vielleicht aus, das Buch durchzulesen. Doch lasse er sich nicht täuschen – auch Träume sind real, wenn sie ihm auch von seiner Wirklichkeit weit entfernt vorkommen. Bei Ende schildern sie die Wirklichkeit hinter der Wirklichkeit und zeigen auf die Realität der Magie des Okkultismus, die leider realer sind als manche zu glauben bereit sind, geschweige denn, wissend annehmen.

Der Traum spricht eine bildhaft-symbolische Sprache. Märchen, Mythen, Legenden und Phantasien sind ihm damit jederzeit zugänglich.

Der Traum spricht aber auch die Sprache der Realität, die der sichtbaren und unsichtbaren Welt.

Über den Hinweis, Endes Bilder seien denen von Träumen vergleichbar, sucht der Verlag für das Buch ›Der Spiegel im Spiegel‹ Leser zu finden. Wer sucht nicht schon nach ansprechenden Deutungen seiner Träume? Die Verführung ist groß, aus dem Reich der Magie Heilung zu erlangen – koste es, was es wolle?

Versuchte Ende bei ›Momo‹ über eine angebliche Philosophie der Zeit und Menschlichkeit seine magische Botschaft zu vermitteln, bei der ›Unendlichen Geschichte‹ einem sinn- und lieblosen Leben Sinn und Liebe zu geben, so versucht er im

›Spiegel im Spiegel‹ als Traumdeuter weiter einzudringen in die Gedanken- und Gefühlswelt der Menschen.

Letzterer Titel ist in seiner ganzen Darstellung grausamer, in der Anwendung der Magie rücksichtsloser. Möglich ist dies, weil viele Menschen Grausamkeiten und dämonische Erscheinungen aus ihren Träumen kennen. So gelangt, zunächst ganz unbedarft, der Leser in den immer stärker werdenden Sog magischer Phantasien. Der Ausgang, das ›happy end‹ der Endeschen Geschichten schließt im zweiten Mysterienspektakel nicht mehr mit dem Sieg weißer Magie ab. Das Buch richtet sich jetzt nicht mehr an Kinder, denen man die brutale Realität der Magie noch nicht unverblümt zutrauen kann. Jetzt wird der erwachsene Leser angesprochen. Von ihm kann, so Ende, erwartet werden, daß er die ihm dargebotenen Geschichten verkraften kann.

Mit dem letzten Buch von Ende und dessen Besprechung liegt sein Werk nun offen vor uns. In realistischer und geschickter Weise ist in diesem die Realität der Magie, des Okkultismus beschrieben. Durch seine liebevolle, verständniszeigende Erscheinung, vermittelt Ende vielen Zeitgenossen die Heilung durch magische Phantasien. Dabei nimmt er seine Leser regelrecht an die Hand. Von ›Momo‹ bis zur ›Unendlichen Geschichte‹ ging und geht dies bis heute gut voran. Beim ›Spiegel im Spiegel‹ gehen schon etliche Leser nicht mehr so mit ihm mit, wie er es sich wünscht. Einige meinen sogar, Ende nicht mehr zu verstehen. Doch dieser scheint unbeirrt seinen Weg fortzusetzen. So entsteht neben seinen Büchern durch seine konsequente und offene Darstellung des Okkulten eine große Wirkung und Anziehungskraft für andere. Die Menschen scheinen vom Autor und seinem Werk, von Leben und Schreiben des Michael Ende angetan, weil beides überzeugend ist und nachvollziehbar zusammenpaßt.

Für Gott ist all dies ein Greuel. Menschen, die in ihrem Leben rücksichtslos seine Gebote mit Füßen treten, müssen mit seinem Gerichtsurteil rechnen.

V. Michael Ende – Irreführung statt Erlösung

1. Der Ende-Kult

Es ist schon beeindruckend, wie schnell der Kinderbuchautor und Märchenschreiber Ende in den letzten Jahren beharrlich an Popularität zunahm. War vor Jahren von ihm noch nichts in Lexika zu lesen, so steht sein Name heute in jedem neu aufgelegten allgemeinen Lexikon. Der ›Neue Meyer‹ enthält 1979 lediglich Edgar Ende, den Vater von Michael Ende. Das ›Lexikon der Gegenwart‹ nimmt Ende unter die fünfhundert bedeutendsten und bekanntesten Persönlichkeiten unserer Zeit auf. Es heißt dort auf Seite 874 über ihn: » . . . deutscher Schriftsteller, dessen Bücher ›Momo‹ und ›Die unendliche Geschichte‹ mit jeweils mehr als 1 Mio verkauften Exemplaren zu den erfolgreichsten deutschen Romanen nach 1945 gehören und als Kultbücher der Ökologie- und Friedensbewegung gelten.« Im Zeichen der allgemeinen Verunsicherung und Ratlosigkeit angesichts der anstehenden Menschheitsprobleme, schwimmt Ende im Fahrwasser des aufgebrochenen Okkultismus. Immer weiter zieht dieser seine Kreise. Neben phantastischer Literatur, über Fantasy-Spiele, Zombiefilme und Hypnosesitzungen, über Astroshows im Fernsehen bis hin zu Endes Bücher breitet dieser sich unaufhaltsam, dem bedrohenden Nichts in der ›Unendlichen Geschichte‹ vergleichbar, aus.

Daß Ende bei alternativ Denkenden zum Bestseller werden konnte, liegt auf der Hand. Wie jene zur Wirklichkeitsbewältigung Mythen früherer Zeiten bemühen und diese reaktivieren wollen, liefert er ihnen entsprechende Analogien und gibt, wie sie, Parolen zur Heilung der Menschheit aus.

Nur begrenzt sieht man in christlichen Kreisen Endes Bücher als das an, was sie sind. Die meisten meinen, in diesen

Heil für eine heillose Welt zu finden. Endesche Symbole werden analog christlichen Symbolen gedeutet, ohne daß man erkennt, daß sie bei Ende in einem ganz anderen Zusammenhang erscheinen, denkt man etwa an das Wasser des Lebens oder an den falsch interpretierten Spruch: »Tu was du willst!«.

Wenige scheinen in Ende den zu erkennen, der er selber sein will und ist. Die Heilungsversprechen nehmen ihm viele ab, doch gehen sie auch ganz mit ihm mit?

Die Spiegelrezension ›Mondenkind Luzifer‹ enthüllte zum ersten Mal die wahren Hintergründe Endes. Doch nahm dies seiner Wirkung nicht den Schwung und die Intensität.

Der Film zur ›Unendlichen Geschichte‹ brachte in der Wirkung Endes einen weiteren Erfolg. Statt eines Ende Endes begann ein neuer Aufschwung. In den nach wie vor anhaltenden Nachfragen nach seinen Büchern ›Momo‹ und ›Die unendliche Geschichte‹ ist dies belegt.

›Der Spiegel im Spiegel‹ scheint nicht so gut verkauft zu werden. Nur vereinzelt hört man etwas von diesem Buch. Die von Ende erhoffte Wirkung, über dieses Buch ein verständiges, intellektuelles Lesepublikum zu erreichen, scheint vorläufig gescheitert zu sein. ›Momo‹ und ihr guter Ausgang, die ›Unendliche Geschichte‹ und ihr für viele nachzuahmender Schluß sprechen die Menschen an, weil sie ›gut‹ für sie enden.

Rein quantitativ scheint für diese beiden Ende-Bücher ein Ende ohne Ende in Sicht zu sein. Qualitativ wirkt durch sie die magische Heilungsformel Endes. Folgende Rezensionsauszüge belegen dies:

- »Dieses empfehlenswerte Buch (Die unendliche Geschichte) . . .« (Die Gemeinde, Nr. 14/1984).
- »Wer sich aber inspirieren lassen möchte, die Realität auf eigene Art und Weise ein kleines Stück besser zu gestalten, der sollte die ›Unendliche Geschichte‹ erst lesen . . .« (Punkt, Nr. 6/1984).
- »Ob es wohl wieder einmal oder noch einmal einen Dichter

geben wird, der, ähnlich wie Michael Ende, sein psychologisches Märchen (Die unendliche Geschichte, der Verf.), uns ein solches aus der Fülle der Offenbarung und des christlichen Glaubens schenken würde?« (Christ in der Gegenwart, 36. Jahrgang, Nr. 51, S. 421).

- »Durch die bild- und symbolhafte Sprache, durch die ganze positive Aussage der unendlichen Geschichte empfand ich dieses keineswegs christliche Buch als ein Geschenk, das Hoffnung weitergibt« (Pack's! Nr. 3/3, 1981).
- »Dieses Buch (Der Spiegel im Spiegel, der Verf.) ist ein Spiegel, in den wir hineinschauen und die Unendlichkeit der Bilder entdecken, die in uns verborgen sind. (. . .) Doch auf ein Ergebnis scheint es Michael Ende anzukommen, daß wir lernen, unsere Fantasie ernst zu nehmen, daß wir Dinge nicht für die letzte Wirklichkeit halten« (Pack's! Nr. 4, 1984).

Eigentümlich ist diesen Rezensionen, daß sie ausnahmslos in christlichen Zeitschriften erschienen. Die großen Zeitungen sind im großen und ganzen etwas zurückhaltender in ihrer Bewertung Endes gewesen. Scheint Ende neben den Alternativen am meisten unter den Christen zu wirken? Wenn ja, wie kann dies möglich sein?

Nach unserer Beschäftigung mit Ende ist zu erkennen, daß seine Absichten und Aussagen denen der Bibel und damit denen bibelgläubiger Christen entgegen stehen.

Kommt Ende denn wirklich schon für viele gleich nach der Bibel, wie das nach einer Umfrage in Nordrhein-Westfalen zu sein scheint? »Düsseldorf (ddp). Die Bibel ist das zur Zeit meistgelesene Buch in Nordrhein-Westfalen. Das ergab eine gestern in Düsseldorf veröffentlichte Umfrage des größten Landesverbandes der Verlage und Buchhandlungen im Börsenverein des deutschen Buchhandels, die nach den Worten von Verbandsgeschäftsführer Rudolf Hörmandinger eine erfreuliche starke Resonanz hatte. Auf mehr als 50 000 Antwortkarten in 140 Buchhandlungen und Büchereien des Landes notierten Bücherkäufer und Leser die von ihnen geschätzte Lektüre. So entstand nach Verbandsangaben die erste allein an der persönlichen Wertschätzung der Leser orientierte Liste, auf der nach der Bibel ›Die unendliche Geschichte‹ Platz zwei einnahm.«[74]

Über den Film wirkte Ende unmittelbar auf Millionen von Menschen ein. Seine Heilungsmaxime fand so Zugang zu den Herzen vieler Kinder und Jugendlicher, denen das Verständnis zu den Hintergründen des Filmstoffes verschlossen ist. Das Märchen wurde in seiner Wirkung damit zu einem Vorboten der sich ausbreitenden Mythologiegläubigkeit der Menschen heutiger Tage. Von dieser zum Okkultismus ist es nur ein kleiner Schritt.

Nicht zuletzt wirkt Ende durch ein Spiel- und Bastelbuch, in dem der Inhalt der ›Unendlichen Geschichte‹ auf jede didaktisch nur denkbare Weise den Kindern nahegebracht wird. Aus den merkwürdigsten Gestalten Phantásiens, die im Thronsaal des Elfenbeinturmes versammelt sind, entsteht ein Quartettspiel.[75]

Mittels eines Daumenkinos läßt sich das Gesicht Cairons verändern. Das Medaillon mit den beiden Schlangen faßt sogar eine ganze Seite in dem Buch. Damit ist durch Endes Geschichte die Magie fürs Spielzimmer entstanden. Dies belegt anschaulich der magische Zauber, dem Bastian ausgesetzt ist, um nach Phantásien kommen zu können. Unmittelbare Identifizierung mit der Kindlichen Kaiserin wird den Kindern vermittelt, die der angegebenen Arbeitsanweisung folgen.

Alles in allem zeigt Endes Wirkungsgeschichte seinen offensichtlichen Sieg. ›Geh doch zu Momo‹ wurde von vielen Menschen ernst genommen. Das ›Buch aller Bücher‹ des Bastian Balthasar Bux, die ›Unendliche Geschichte‹, scheint für viele das Buch der Bücher, die Bibel, zu ersetzen.

Ende zeigt in seinem Werk eine Alternative zur Bibel und zum Traditionschristentum auf. Er nimmt Bezug zur Magie und verwendet gleichzeitig viele Elemente christlicher Tugend, womit er wiederum bei vielen humanistisch-christlich gesinnten Menschen Sympathie findet für sein Programm: Heilung durch magische Phantasien für eine kranke und hoffnungslose Menschheit.

Über Michael Endes Botschaft steht die Botschaft Jesu Christi, die lautet: »Tut Buße, denn das Himmelreich ist nahe!« Mit dieser Aufforderung ist der eigentliche Weg zum Heil und zur begründeten Lebenshoffnung des Menschen eröffnet. Angewandt auf die Aussagen Endes bedeutet die Aufforderung Jesu eine Haltungs- und Gesinnungsänderung diesen gegenüber. Wenn Ende in einem ›Pack's!‹-Interview auch den Namen Jesu erwähnte, so zeigen seine Schriften doch, daß er wohl nur den Namen, weniger aber die damit verbundene Geistesmacht akzeptiert. Jesus Christus überwand durch seinen Tod am Kreuz von Golgatha all jene Geister, die Ende in seinen Büchern neu aufleben ließ. Dessen eingedenk, ist die Botschaft vom Kreuz fortschrittlicher als Endes Botschaft. Besinnen wir uns, tun wir Buße, auch über falsche und magische Phantasien und kehren wir zurück zu dem, der in sich und durch sich das Leben für uns Menschen ist: Jesus Christus. Gegen den Endeschen Mythos steht dann nicht nur der Intellekt derjenigen, die die anstehenden Menschheitsprobleme ehrlich und vernünftig lösen wollen, sondern auch die Christen, die existentiell Christus in ihrem Leben erfahren und daher wissen: »In keinem anderen ist das Heil, ist auch kein anderer Name unter dem Himmel den Menschen gegeben, darin wir sollen selig werden« (Apg. 4, 12).

2. Endes Wirklichkeitsverständnis

Verschiedene Male klang es bisher schon an, daß Michael Ende in seinen Äußerungen über Wirklichkeit und Realität gerne von einer Wirklichkeit spricht, die hinter der sinnlich wahrnehmbaren verborgen ist. Um diese Aussage besser einordnen zu können, wollen wir uns mit dem beschäftigen, was Wirklichkeit – Realität für den Menschen bedeutet.

Die in dem deutschen Ausdruck Wirklichkeit anklingende

Bedeutung ist durchsetzt von der lateinischen Bedeutung ›realitas‹. Darunter verstanden die Lateiner die Sachhaltigkeit einer Sache, eines Teiles oder Gegenstandes (res). Ferner enthält das deutsche Wort ›Wirklichkeit‹ Bedeutungen, die dem griechischen Seinsbegriff entnommen sind. Wirklichkeit ist damit schon durch seine Begriffsgeschichte für uns heutige Menschen stark befrachtet. Die Frage, an einzelne gerichtet: ›Was verstehen Sie unter Wirklichkeit, Realität, für sich ganz persönlich‹, würde auf ihre Weise zeigen, wie viele Bedeutungen neben der Begriffsgeschichte durch die einzelnen Menschen und dem, was für sie Wirklichkeit ist und ausmacht, entstehen. Demnach könnte der Gebrauch von Wirklichkeit vielleicht folgenden Umfang beschreiben:

a) etwas ist wirklich, was hier und jetzt von dem erkennenden Subjekt als solches ausgewiesen wird;
b) man bezeichnet etwas als wirklich, um entsprechend anderes als nicht wirklich, real, ausweisen zu können. Zum Beispiel eine Fata Morgana im Gegensatz zu dem, was man jederzeit anderen Menschen gegenüber als existent, real und wirklich nachweisen kann;
c) etwas kann als wirklich ausgewiesen werden, weil es Anteil an der Gesamtwirklichkeit hat.

Diese drei genannten Beispiele weisen schon auf das Problem hin, das einem begegnet, wenn man über Wirklichkeit nachdenkt. Die von einem Menschen ausgewiesene Wirklichkeit hängt immer eng mit seinem Erkenntnisvermögen von Wirklichkeit ab. Wirklichkeit objektiv auszuweisen geschieht unter Berücksichtigung der individuell und subjektiv wahrgenommenen Wirklichkeit. Ferner ist sie davon abhängig, wie die so subjektiv gewonnene Wirklichkeit im Zusammenhang mit anderen Subjektsäußerungen von Wirklichkeit erscheint. Je mehr subjektive Wirklichkeitsaussagen im Zusammenklang harmonieren, je mehr meinen wir, dann von zutreffenden, wirklichen Aussagen sprechen zu können. Aussagen in diesen Zusammenhängen liefern die Wissenschaften vom Menschen. So sind zum Beispiel die humanbiologischen Tatsachen über den menschlichen Körper, dessen Aufbau und Funktionsweise, im Groben von allen Menschen anerkannt. Doch sobald man Detailgebiete des menschlichen Körpers betrachtet, nehmen die Anerkennungen der getroffenen Aussagen rasch ab. Nur wenige, und hier meist sich durch besondere Annahmen verbündende Schulmeinungen, halten jetzt noch zusammen. Über das Gehirn, die Seele und den Geist, ja, sogar über die Frage, was denn Leben als solches sei, gehen die Meinungen sehr stark auseinander. Jetzt müssen die einzelnen Lehrmeinungen ihre Aussagen über die von ihnen getroffene Wirklichkeitsansage durch Experimente (Naturwissenschaft) und durch ausgeklügelte Methoden und Verstehensgrundlagen (Geisteswissenschaft) gegenseitig beweisen.

Der Geisteswissenschaftler soll zum Beispiel vor seiner Untersuchung des gerade von ihm bearbeiteten Problems sich über seine Vorstellung diesem gegenüber Rechenschaft ablegen. Wenn er dies getan hat, hofft er, dem Problem objektiver, ohne weniger Vorverständnis, begegnen zu können. Doch selbst unter strengster Eigendisziplin dürfte ihm die reine, objektive Betrachtung nicht gelingen. Warum nicht? Der Grund hierfür liegt in der Geschöpflichkeit des Menschen. Der Mensch beginnt sein Leben nie voraussetzungslos. Schon im Mutterleib erwirbt der heranreifende Mensch Eindrücke und damit Erfahrungen, die ihn später mit zu seiner Eigenart des Denkens, Fühlens und Problemlösens kommen lassen. Reine Objektivität, reine Wirklichkeit, ist demnach menschlich nicht zu erreichen. Menschliche Aussagen über Realität bleibt immer im Mittel der Annäherung an das rein Wirkliche mit all seinen Bezügen, Implikationen.

Dennoch ist den Menschen schon viel an Wirklichkeitserkenntnis zuteil geworden. Die Natur hat sich zu einem großen Teil durch den Menschen entziffern lassen. Pflanzen, Tiere und der Mensch sind von dem Menschen in ihrer Eigenart, in Aufbau, Funktion und Verhalten schon sehr ausführlich beschrieben worden. Wenn wir darüber hinaus an die Raumfahrt und die Weltraumsatelliten denken, die heute schon zu einem festen Bestandteil der Menschen geworden sind, so sehen wir auch im Bereich des Materiellen den Menschen mit seinem Erkenntnis- und Bewußtseinsvermögen aktiv am Werke. Damit scheint der Mensch zum ›Macher‹ geworden zu sein. Noch bis vor wenigen Jahren war dieses Verständnis vom Menschsein noch unter vielen anzutreffen. Der ›Homo Faber‹ schaffe es schon, die Wirklichkeit des Menschen in den Griff zu bekommen. Heute scheint diese Überzeugung immer mehr verworfen zu werden. Der Mensch hielt die auf ihn gerichtete Projektion nicht durch. Woran mag er gescheitert sein? Beleuchtet man diese Frage von der Bibel aus, so liegt das Scheitern des Menschen in seinem Bestreben, wie Gott sein zu wollen. Das Geschöpf erhob sich über seine Geschöpflichkeit, diese vergessend, und wähnte sich selbst als alleinigen Schöpfer. Zum Schöpfer nicht nur seiner Erfindungen, sondern zum Schöpfer seiner selbst. Pflanzen, Tiere und der Mensch konnten von diesem in der dem Menschen von Gott zugelassenen Weise erkannt werden. In dem Lebensauftrag für den Menschen, wie er ihm seit der Schöpfung von Gott gegeben ist, war das Erkennen der Wirklichkeit über die Schöpfung in dem: ›machet euch die Erde untertan!‹ enthalten. Dieser Auftrag sollte dem Schöpfer Ehre und Dankbarkeit von seinen Geschöpfen bringen. Doch statt dessen nahm der Mensch die ihm gegebene Erkenntnispotenz, um sich von seinem Schöpfer zu befreien. Der Mensch rief sich selbst zum Gott aus.

Diese Tatsache läßt sich in der Geistesgeschichte des Menschen verfolgen. Hier dividiert der Mensch sich selbst auseinander. Für die einen ist Wirklichkeitserkenntnis nur durch den Verstand, für die anderen nur durch die Sinne möglich. Andere wiederum wollten diese Extreme der Erkenntnislehre miteinander verbinden. Doch diese Versuche scheiterten bis heute. Gleichzeitig aber schafften die Menschen in dem Wahn ihrer eigenen, jeweils als die richtige Wirklichkeitserkenntnis ausgewiesenen Erkenntnis ihren Schöpfer ab.

Losgelöst von ihm steht die Menschheit nun im Leben. Geplagt, verzweifelt, unwissend ist sie so ausgeliefert, auf ihrer Suche nach der Wirklichkeit.

Der Ausweg aus dem Irren um die richtige, wahre Wirklichkeitsschau liegt in Gott beschlossen. Durch Jesus Christus ist die Wirklichkeit Gottes erschienen (vgl. Kol. 2, 17). Wer den Sohn Gottes erkennt, der wird auch die Wirklichkeit seines Lebens über dessen allgemeine Wirklichkeit hinaus neu entdecken.

Mit diesen Bemerkungen ist angedeutet, daß die Sicht auf Wirklichkeit einer Führung bedarf, um auch zu wahrhaftigen Aussagen zu kommen. Neben den fünf Sinnen und dem Gehirn, die dem Menschen zur Wirklichkeitsfindung helfen, gibt es einen Geisteinfluß, der den Menschen Wirklichkeit erkennen und benennen läßt. Dieser bezieht sich dann auf die Wirklichkeit, von der Michael Ende so gerne redet und von der er seine Heilung der Menschheit kommen sieht. Um diese Wirklichkeit verstehen zu können, müssen wir ein wenig über den Menschen nachdenken.

Der Mensch zeichnet sich, so die Philosophen, besonders durch seinen Verstand gegenüber anderen Lebewesen (z. B. den Tieren) aus. Untersucht man einmal das, was den Verstand des Menschen ausmacht, so stößt man schnell an Grenzen. Entgegen den Meinungen der Materialisten, die den Verstand auf neurophysiologische und bestimmte Reizübertragungen im Gehirn des Menschen reduzieren, müssen wir feststellen, daß der Verstand, der Geist des Menschen mehr ist als dieses. Geäußerte Gedanken bis hin zu Neuschöpfungen (kreatives Verhalten, z. B. Musik, Architektur, Literatur, Wissenschaft etc.) des Menschen sind mehr als bloße Assoziationen von im Gehirn gespeicherten Fakten. Das Gehirn des Menschen geht mit diesen zwar um, doch die jeweilige Verknüpfung und Kombination derselben wird durch den Geist vollzogen. Im praktischen Beispiel ließe sich die Tastatur des Klaviers mit seinen materiellen Voraussetzungen denken, auf denen der mit Geist beschenkte Mensch Klaviersonaten oder

›Alle meine Entchen‹ spielen kann. Die Anzahl der Tasten wird dabei nicht verändert, auch nicht der durch sie festgelegte Tonumfang. Was sich jeweils ändert, ist die Zusammenstellung der verschiedenen Töne. Was der Geist des Menschen ist, ist so wenig zu definieren und auf eine Formel zu bringen wie das, was die Seele des Menschen sei. Lediglich schwache Beschreibungen geben hierüber Auskunft. Woher der Geist des Menschen kommt, läßt sich hingegen unter Bezugnahme auf die Bibel angeben. Der Geist kommt für die Menschen von ihrem Schöpfer, von Gott. Dieser hat mit den beiden ersten Menschen, Adam und Eva, Gemeinschaft. Sie können miteinander kommunizieren, da sie wesensgleich, Geistwesen, sind. Mit dem Sündenfall trifft durch die Vertreibung aus dem Paradies eine Veränderung ein. Der Mensch wird sich seiner Körperlichkeit auf ganz elementare Weise bewußt. Sein Geist hat nun nicht mehr den unmittelbaren Kontakt zu der Welt des Geistes wie im Paradies. Die in diesem erlebte **eine** Wirklichkeit wird durch den Sündenfall getrennt. Jetzt ist ihm die Geistwirklichkeit ›hinter‹ seiner sinnlich erfaßbaren Wirklichkeit zwar noch durch die Herkunft von Gott bekannt, aber nicht mehr unmittelbar zugänglich. Er lebt nun in der ihm sinnlich sichtbaren Wirklichkeit und weiß, daß es mehr gibt als diese. Er weiß von der Existenz des Teufels, und er weiß von der Existenz Gottes. Direkt sichtbar sind sie ihm nur, wenn diese aus ihrer Unsichtbarkeit ihn in seiner Welt der Sichtbarkeit aufsuchen. Nie jedoch erscheint Gott den Menschen nach dem Sündenfall von Angesicht zu Angesicht. Er ist ein heiliger Gott, in dessen Gegenwart der Sünder nicht bestehen kann. Doch entgegen Gott hat der Teufel mit seinen Heerscharen keine Hemmungen. Wer ihn oder sie sehen will, kann in die Wirklichkeit hinter der Wirklichkeit einbrechen. Was er hier dann erlebt, ist in einer Weise in den Büchern Endes zu sehen. Das Reich Phantásien ist eine solche Wirklichkeit.

Erinnern wir uns an die okkulten Systeme, so ist es ihrem esoterischen Entwurf immer das höchste Ziel, in die Welt des reinen Geistes zu kommen. Ein Zurück in das angebliche

Paradies ist die Lüge, der viele erliegen, um dann in die Hölle schauen zu müssen.

W. J. Ouweneel zeigt in seinem Buch: ›Okkultismus und östliche Mystik‹ diese von uns erwähnten Zusammenhänge ebenfalls auf. Unter Bezug auf Prediger 3, 11 weist er darauf hin, daß der Mensch ein Ewigkeitswesen ist. Nach dem Sündenfall ist dem Menschen seine Wesensart nicht genommen worden. Ein Verlangen nach ewigen und unvergänglichen Dingen ist in ihm vorhanden geblieben. Ouweneel schreibt: »Doch Gott hat diese Fähigkeiten stark eingeschränkt, weil der Mensch durch die Sünde von Gott getrennt war: ›Eure Missetaten haben eine Scheidung gemacht zwischen euch und eurem Gott‹ (Jes. 59, 2). Wenn also der Mensch heute diese Fähigkeiten entwickelt, die nur als Rest in ihm vorhanden sind, kann er tatsächlich mit der höheren Welt in Verbindung kommen. Da aber der Weg zu Gott durch die Sünde verschlossen ist, bedeutet dies, daß er nur mit der gottfeindlichen, dämonischen Welt in Verbindung treten kann.«[76]

In seinen theoretischen Äußerungen über Wirklichkeit knüpft Ende an die philosophischen Traditionen an. Er findet es falsch, die Wirklichkeit in eine objektive und damit feststehende, wahre und eine subjektiv erfahrbare zu teilen. Franz Kreuzer gegenüber äußerte er: »Wir haben uns eingeredet, es gäbe einen kategorischen Unterschied zwischen subjektiver und objektiver Realität. Wir haben die Welt sozusagen in zwei Stücke gerissen. Wir stellen uns vor, es gäbe da draußen so etwas wie eine objektive Realität, die auch ohne uns und unser Bewußtsein existiert, und es gäbe da drinnen eine subjektive Realität, die auch ohne Welt existiert. Für mich sind die Welt und das menschliche Bewußtsein nur die zwei Seiten ein und derselben Medaille. Das eine hängt vollkommen vom anderen ab. Welt und Bewußtsein sind letzten Endes ein und dasselbe.«[77]

Daß sich Ende kritisch gegen die Vereinseitigung von Wirklichkeit durch die Rationalisten wendet, ist durchaus korrekt. Wir können nicht den Menschen als erkennendes Wesen vollkommen von dem trennen, was er erkennt. Er wird immer durch seine subjektiven Erkenntnisse, die allgemein und intersubjektiv im Experiment überprüfbar sein müssen, Aussagen über Wirklichkeit machen können, die so partiell auch zutreffend sind. Daß aber nur das an Realität, an Wirklichkeit gelten sollte, was jeweils das Subjekt als solche erkennt, ist falsch. Dies wäre eine subjektive Verkürzung dessen, was als Wirklichkeit festgestellt werden kann. Diesen Fehler wird man schnell merken, wenn man eigene Wahrnehmungen mit denen anderer vergleicht. Die Übereinstimmungen zeigen dabei, wo die Wirklichkeit getroffen wurde und die Unterschiede zeigen, wie weit der einzelne von der Wirklichkeit entfernt ist.

Hinzu kommt zu diesen Überlegungen die Feststellung, daß Menschen nicht nur durch Sinne und Verstand Welt und Wirklichkeit wahrnehmen, sondern ihre geistigen Rückbezüge die ›Instrumente der Wirklichkeitswahrnehmung‹ (Sinne, Verstand) steuern. So verschieden die dieser Steuerung zugrunde liegenden Pläne von menschlichem Bewußtsein sind, so verschieden sind auch die Aussagen des einzelnen über die von ihm wahrgenommene Wirklichkeit.

Durchforstet man die Wissenschaften vom Menschen, so kann man unterschiedlichste Modelle menschlichen Bewußtseins finden. Diese sind jeweils eng verknüpft mit dem Menschen- und Weltverständnis, das diesen Modellen zugrunde liegt. In dem Buch von Charles Hampden-Turner: ›Modelle des Menschen‹ (Weinheim, Basel 1983) sind die verschiedenen Bewußtseinsmodelle des Menschen, wie sie innerhalb der Menschheitsgeschichte verstanden und entworfen wurden, aufgezeichnet.

Versucht man Endes Bewußtseinsmodell, das hinter seiner Wirklichkeitsschau steht, zu entwerfen, so muß man ein recht vielschichtiges, sich aus seinen okkulten Systemen verbindendes aufzeigen. Um es zu vereinfachen und dennoch das Prinzip seines Bewußtseinsmodells zu verstehen, wollen wir das Modell von C. G. Jung (1875–1961) nennen. Das Selbst (Ich) verbindet darin die Psyche mit der äußeren Welt und das Bewußtsein mit dem Unbewußten. Letzteres wird bei Jung noch einmal differenziert in ein persönliches Unbewußtes, in dem Erinnerungen und Erfahrungen abgelagert sind und ein kollektives Unbewußtes. Entscheidend bei dem Modell ist die aufeinander bezogene Wirklichkeitswahrnehmung von Innen- und Außenwelt. Entsprechend der alten indischen Weisheit: »Alles, was du wahrnimmst, bist du selbst«, wird Wirklichkeit definiert und wahrgenommen. Durch den Zusammenschluß von Außen und Innen entsteht die Möglichkeit, den Menschen jederzeit für die Wirklichkeit hinter der Wirklichkeit, für die Welt der Geister, zu motivieren. Damit wird auch die Rede von diesseits und jenseits hinfällig. Diese Auflösung ist für Ende ganz entscheidend. Entsprechend sieht er den Menschen auf verschiedenen Ebenen als lebensfähig an. Das Außen der Welt und das Innen der menschlichen Psyche stehen ebenso zueinander wie das Innen der Seele mit dem ›Außen‹ der übersinnlichen Wirklichkeit. So kann entsprechend der ›Unendlichen Geschichte‹ Bastian Balthasar Bux die Geisterwelt, in die er einsteigt, zwar nicht mit in die Wirklichkeit nehmen, die qua Sinne auszumachen ist, doch hingegen die in der Geisterwelt Phantásiens erlebte Veränderung zur Auswirkung in der sichtbaren Wirklichkeit kommen lassen.

Ende sagt: *»(. . .) Die beiden Welten gehören zusammen, sind aber getrennt. Man kann die eine Ebene nicht auf die andere verschieben. Das hieße – was übrigens in der Unendlichen Geschichte geschieht –, daß man aus Phantásien etwas mit in die Alltagswelt hinübernimmt. Das geht nicht. Nur die Veränderung, die du selbst in Phantásien erlebst, kannst du mit hinübernehmen, aber nicht die Teile Phantásiens selbst. Das gehört mit zu der ganzen Problematik, daß der Mensch eben auf mehreren Ebenen lebt, nicht nur auf einer.«*[78]

Ende zeigt in seinen Äußerungen die Realität der Geisterwelt an. Diese Welt kann von ihm in seinen Büchern beschrieben werden. So kann er seine Leser in diese Welt hineinziehen

– angesprochen wird ihr Geist, der sich in Endes Phantasien mit den Geistern Phantásiens treffen kann. Wiederholt hat Ende bestätigt, daß Phantásien für ihn eine Wirklichkeit sei. Die durch diese Wirklichkeit ausgelösten Veränderungen im Menschen sind sehr weitreichend.

Ende erscheint mit seinen Aussagen über Wirklichkeit zum größten Teil als Realist. Er kennt die Geister, von denen er schreibt. Entsprechend stark ist auch sein Bemühen, die Menschen auf diese Geister aufmerksam zu machen. Noch ertönt aus den Endebüchern, ›Momo‹ und der ›Unendlichen Geschichte‹, das Heil aus der Welt der Magie für die sinnlich wahrnehmbare Welt. Momo und Bastian gelten als seine Kronzeugen für die Heilung. Doch schon ›Der Spiegel im Spiegel‹ zeigt, wie sehr die Geister den Menschen festhalten, der sich ihnen ausgeliefert hat. Nach der angeblichen Heilung erfolgt die Versklavung.

Der Durchbruch in die andere, die ›spirituelle‹ Wirklichkeit ist ein Weg in das Reich der Dämonen. Dies muß sich jeder klar machen, wenn er Endes Phantásienreisen mitmacht. Der Grund für diese düstere Wirklichkeit liegt in dem Ratschluß Gottes, zu Menschen in ihrer Dreidimensionalität durch sein Wort und seinen Geist zu sprechen. Gott hielt sich bis heute an die Trennung von sinnlich erfahrbarer Wirklichkeit und geistlicher Wirklichkeit, wie sie nach dem Sündenfall von ihm geboten wurde. Von ihm erschallt nicht der Ruf an die Menschen, in die Geisterwelt einzudringen. Er ruft vielmehr durch seinen Sohn Jesus Christus zur Buße und zur Heimkehr zum Vater. Dabei muß man nicht die eine Wirklichkeit verlassen, um das Heil Gottes annehmen zu können. Gott kam in die Welt mit seinem Erlösungsangebot für die Heillosen und in Sünden verfangenen Menschen. Satan macht es genau umgekehrt: er ruft die Menschen mit Heilsversprechen in sein Reich, um sie so nur noch fester an sich zu binden. Dies tut er besonders darum, weil er die Gebote Gottes genau kennt und weil er weiß, daß es Gott ein Greuel ist, wenn Menschen sich in das Reich Satans ziehen lassen. Sein Volk ließ Gott durch Mose genau darüber informieren, daß er ein heiliger, einiger und alleiniger Gott sei. »Ich bin der Herr, dein Gott, (. . .). Du sollst keine anderen Götter haben neben mir« (vgl. 2. Mose 20, 1–3). Dies gilt immer für die Menschen, die sich bewußt für Christus entschieden haben. Doch darüber hinaus für alle Menschen, da Gott ihr Schöpfer ist und sie nach seinen Geboten und Ordnungen richten wird, egal, ob sie an ihn glauben oder nicht.

Michael Endes Wirklichkeitsschau ist teilweise zutreffend. Die Wirklichkeit hinter der Wirklichkeit ist so real, wie er sie in seinen Geisterbildern beschreibt. Die in diesen Bildern zum Ausdruck kommenden Inhalte sind bis ins Detail getreu der magischen, okkulten Realität entnommen. Seine Aussagen über die Wirklichkeitswahrnehmung der Welt und der Einheit von erkennendem Subjekt und zu erkennender Welt ist hingegen falsch. Entgegen Endes Heilung durch magische Phantasien aus der Wirklichkeit hinter der Wirklichkeit ist auf die Heilung der Menschen durch Jesus Christus hinzuweisen. Diese schafft Veränderungen ohne Manipulation zum bleibenden Zeugnis für alle Menschen. Sie berücksichtigt auch die Gebote Gottes und vergewaltigt weder die menschliche Struktur noch das Gebot Gottes.

Wenn den Endeschen Heilungskonzepten der Menschheit endlich ein Ende gemacht werden soll, so ist dies nur durch Christen möglich, die ganz existentiell in all ihren Lebenszügen ihre Heilung und ihre Lebensfülle, die sie von Gott bekamen, deutlich sichtbar werden lassen.

Michael Endes Suche nach der Wirklichkeit des Lebens konnte bis heute Millionen von Menschen anziehen und mitreißen. Sogar viele Christen wurden so irregeführt.

Mit Recht könnte Ende so an diese die Frage richten, was sie denn ausrichten mit ihrem Heilsein für die Heillosen. Neben der Kritik des Autors erscheint damit gleichzeitig die Aufforderung, ihm etwas Alternatives entgegenzustellen. Dieser Aufforderung können die Christen, das heißt, die Menschen, die sich ganz bewußt in die Nachfolge Jesu stellen, die sich als Sünder wissen und von der Vergebung, Gnade und Treue

Gottes leben, ihm zur Ehre und zum Ruhm, nachkommen, wenn sie ganz treu und gehorsam das Wort Gottes in die Realität der menschlichen Wirklichkeit umsetzen. Ihr Bewußtseinsmodell ist dann so ausgestattet, daß der Heilige Geist Gottes ihnen neben den Schöpfungsanlagen als da sind: Sinne und Verstand, samt aller seelischen und persönlichkeitsbildenden ›Elemente‹, die Möglichkeit gibt, die Wirklichkeit voll zu erkennen. Dies muß sich nicht immer intellektuell vollziehen. Es kann auch in einem unartikulierten Wissen bestehen, so daß man erkennt, daß dieses oder jenes vor Gott nicht bestehen kann. Doch wesentlich wird sich dies immer im eigenen Leben zeigen, hier dann aber entsprechend der einzelnen Gaben, die Gott gegeben hat.

3. Phantastische Magie

Das Wort ›Phantasie‹ bedeutet Erscheinung, Einbildungskraft. Für den griechischen Philosophen Aristoteles (384–322 v. Chr.) ist ›phantasia‹ die Bezeichnung für das menschliche Vermögen, sich Bilder der Wirklichkeit, derer sich das Denken bedient, vorzustellen. In ähnlicher Weise wird der Begriff Phantasie in die Entwicklungspsychologie aufgenommen. Hier treten seine Bedeutungsinhalte in Form des symbolischen oder auch vorbegrifflichen Denkens auf.

Es ist das Verdienst des Psychologen Jean Piaget (1896 – 1980), die Entwicklung der Denk- und Wahrnehmungsfähigkeit des Menschen verständlich gemacht zu haben. Auf der ersten Stufe seines Kognitionsmodells sind die sechs Stadien der sensomotorischen Intelligenz aufgezeichnet. Es handelt sich dabei um eine Denkform, die in den ersten 18 Lebensmonaten des Menschen vorherrschend ist. Sinnesempfindungen werden dabei mit Bewegung kombiniert. Durch Sehen, Fühlen, Schmecken, Riechen und Hören erobert das Kind seine Umwelt und ermittelt so erste Welterfahrungen. Auf die Stufe der sensomotorischen Intelligenz folgt die des symbolischen oder vorbegrifflichen Denkens. Sie ist zeitlich von 1,6 bis 4,0 Jahre von Piaget festgelegt. Andere Forscher, etwa Zulliger, sprechen von dem magischen Denken des Kindes in dem eben genannten Lebensabschnitt. Wort und Handlung werden in diesem Stadium des Denkens zum Symbol für den vom Kind gemeinten Gegenstand. Piaget schreibt in seinem Buch ›Nachahmung, Spiel und Traum‹, dtsch. Stuttgart 1969: »Hier (in diesem Stadium, der Verf.) wird vom Kind ein Symbol erstellt und nicht ein jederzeit in der Vorstellung verfügbarer Begriff geprägt. Das Kind kann nun via symbolischen Denkens einen Gegenstand manipulieren, während im begrifflichen Denken der Gegenstand nur in der Vorstellung verändert werden kann. So operiert z.B. Jacqueline mit einer Tapete. Im Alter von 1,4 nahm sie einen auf der Tapete dargestellten Vogel und ließ ihn ›fliegen‹. Mit 2 Jahren und wenigen Tagen nahm J. eine auf der Tapete aufgemalte Blume und einen Sonnenstrahl in die Hand und übergab dies dem Versuchsleiter. Auch eine auf einer Schachtel aufgemalte Möwe nahm sie und ließ sie ›fliegen‹. All diese Gegenstände, die Vögel, die Blume und der Sonnenstrahl, wurden nicht wie Abbildungen oder Begriffe behandelt, sondern wie die Gegenstände selbst. Dies also ist der Unterschied zwischen begrifflichem und symbolischem Denken.«[79] Dieser Denkstruktur des symbolischen Denkens kommt die phantastische Literatur sehr nahe. Begriffliches Erfassen des Gelesenen ist bei ihr nicht notwendig. Über Symbole und einfache Handlungsabfolgen ist sie geeignet, von Kindern aufgenommen zu werden. So ordnet man etwa dem symbolischen Denken des Kindes die Märchen als eine artspezifische Literatur zu. Charlotte Bühler spricht in ihrem Buch, ›Kindheit und Jugend‹, sogar von einem Struwwelpeter-Alter, einem Märchen- und Robinson-Alter der Kinder. Denkspezifische Lektüre wurde von ihr den jeweiligen Lebensaltern zugeordnet. Wir können damit sehen, warum Ende mit seiner ›Unendlichen Geschichte‹ einen solch großen Erfolg gerade bei Kindern hat. Seine Märchen-, Mythen- und Sagenfragmente in diesem Buch entsprechen den Verstehensmöglichkeiten der Kinder. Diese sind nicht okkult, wohingegen der Inhalt, der ihnen von Ende angeboten wird, aus dem Reich der Magie entlehnt ist.

Die Entwicklungspsychologie zeigt im Bereich ihrer Forschung über menschliche Wahrnehmungs- und Denkentwicklung (kognitive Entwicklung), daß der Mensch in seiner Kindheit aufgrund dieser entsprechenden Denkleistung für phantastische Literatur sehr zugänglich ist, da diese in ihrer kognitiven Anforderung symbolisches Denken erfordert.

Neben der Bedeutung der Phantasie für die Kindheit des Menschen wollen wir nun klären, welche Beschreibung phantastische Literatur in der Literaturwissenschaft erhalten hat.

Die Gegenüberstellung von Phantasie in Entwicklungspsychologie und Literatur zeigt, daß dasselbe Wort verschiedene Inhalte transportieren kann, je nachdem, in welchen Zusammenhang es gestellt wird. Konnte im Zusammenhang mit der Entwicklungspsychologie gezeigt werden, daß Phantasie sich formal auf die Beschreibung einer Denkstruktur innerhalb der Denkentwicklung des Menschen anwenden läßt, so wird die Literaturwissenschaft aufdecken, daß phantastische Literatur viele Kennzeichen des Okkulten hat.

Jens Malte Fischer zeigt in seinem Aufsatz: ›Deutschsprachige Phantastik zwischen Décadence und Faschismus‹, wie Phantastik in der Literatur »scheinbar oder anscheinend Unmögliches in die Gegenwart, bzw. die Vergangenheit hineinschaut, dabei meist mit den Mitteln des Unheimlichen, Grauenhaften, Okkulten etc.«[80] arbeitet. Die so geartete phantastische Literatur erschien zunächst unter dem Signum der unheimlichen, seltsamen und sonderbaren Geschichten.

Die sich am Ende des 19. Jahrhunderts ausbreitende phantastische Literatur in Deutschland traf auf ein Zeitgefühl, das weit über Intellektuellen- und Künstlerzirkeln hinaus von Bedeutung war. Verunsichert durch die ständigen Konjunkturstörungen seit den siebziger Jahren des 19. Jahrhunderts, durch erhebliche gesellschaftliche Innenspannungen und durch den raschen Wandel vom Agrarstaat zum Industriestaat machten sich Verdrossenheit und Resignation breit. Ein Bedürfnis nach Mystizismus und Seelenmikroskopie stellte sich ein.

Der Okkultismus fand mit seinen Systemen auf dem Hintergrund solcher Zeitgefühle guten Eingang in Kunst, Wissenschaft (›ASW‹) und öffentliches Leben. Wir stehen heute in einem vergleichbaren Zeitgefühl. Vernunft und Technik, Glaube und Kirche scheinen für viele Zeitgenossen keine hinreichende Überzeugungskraft mehr abzugeben. Der Weg zum Mythos, zur Magie öffnet sich, viele Menschen beschreiten ihn. In Nordrhein-Westfalen hat nach einer Zeitungsmeldung neben der Bibel, dem am häufigsten gelesenen Buch, Michael Endes ›Unendliche Geschichte‹ schon den zweiten Platz eingenommen. Das Buch aller Bücher, von dem Bastian spricht, scheint seinen Siegeszug immer weiter fortzusetzen.

Neben der allgemeinen Beschreibung phantastischer Literatur bemüht man sich in der Literaturwissenschaft um eine genaue Bezeichnung und Definition der ›Gattung‹ phantastische Literatur. Eine genaue Definition scheint schwierig zu sein. Dennoch zeichnet sich ab, daß das Okkulte ein wesentlicher Bestandteil dieser Literaturform ist.

So sagt Roger Caillois: »Im Phantastischen (. . .) offenbart sich das Übernatürliche wie ein Riß in dem universellen Zusammenhang. Das Wunder wird dort zu einer verbotenen Aggression, die bedrohlich wirkt, und die Sicherheit einer Welt zerbricht, in der man bis dahin die Gesetze für allgültig und unverrückbar gehalten hat. Es ist das Unmögliche, das unerwartet in einer Welt auftaucht, aus der das Unmögliche per definitionem verbannt worden ist.«[81]

Die Wirklichkeit hinter der Wirklichkeit wird durch das Phantastische sichtbar gemacht. Eine Tatsache, der wir bei Ende schon begegneten, die in seiner Heilung durch magische Phantasien eine wesentliche Rolle spielt.

Für Caillois ist das Phantastische ferner mit dem Skandal verbunden, der dem Leser zeigen soll, daß das Unglaubliche glaubbar ist. Hilfreiche Motive hierzu sind: das Teufelspakt-

Motiv, das Motiv von der Seele in Not, die, damit sie zur Ruhe kommt, verlangt, daß eine gewisse Handlung vollbracht wird (vgl. Bastian in Phantásien) und viele andere mehr.

Ein weiteres Kriterium für phantastische Literatur liegt in ihrer Erzählweise. Eine Erzählung wird dann phantastisch, wenn die fiktive Person der Handlung (vgl. Momo, Atréju, Bastian) ein Geschehen als unbegreiflich und nicht in ihr Weltbild einordbar vorfindet. Dadurch wird der Leser besonders angesprochen. Das Unbegreifliche ist das Herausfordernde für ihn, gleichsam das, was ihn indirekt an seine jeweilige Lektüre fesselt.

Untersucht man Themen und Texte phantastischer Literatur, so fallen phantastische Reisen, Einbruch der Vergangenheit in die Gegenwart, der Mythos von Licht und Dunkelheit, von Gut und Böse, die Beschreibung anderer Welten, Gäste aus dem Unbekannten, die Zeichnung von Miniaturgesellschaften und die Technik als Element der Phantastik auf. Bei Ende ließen sich die phantastische Reise zu sich selbst (›Unendliche Geschichte‹), der Mythos von Licht und Dunkelheit, von Gut und Böse sowie die Beschreibung von Wesen aus dem Unbekannten (vgl. die ›grauen Herren‹) finden.

Rein typologisch ist Ende mit seinen Themen und Texten mühelos in die phantastische Literatur einzuordnen. Die Funktion seiner Literatur erwähnten wir schon verschiedene Male: Heilung durch magische Phantasien.

Damit ist Michael Ende literarisch als ein Autor phantastisch okkulter Literatur anzusehen, der neben der Durchdringung der Realität Heilung für die von Atomwaffen und modernen technischen Systemen gefrustete Menschheit suggeriert. Besonders anschaulich wird dies durch die inhaltliche Aussage des Nichts in der ›Unendlichen Geschichte‹.

4. Der einzige Weg zur Erlösung

Christen, die aufrichtig Jesus folgen wollen, den Sinn ihres Lebens in Gott gefunden haben und diesen entsprechend in praktische Lebensbezüge umsetzen, fragen nach Prioritäten. Eine Konsequenz ihrer Nachfolgeentscheidung ist dann, daß Gott die höchste Priorität in ihrem Leben hat. Wenn dem so ist, so folgt, daß ihnen die Kenntnis des Wortes Gottes, das Gebet und die Sündenvergebung, mit der die Bereitschaft zur Buße eng verbunden ist, zu den wichtigsten Dingen in ihrem Leben wird. Erst wenn sie von hier aus ihr Leben führen, finden sie zu neuer Substanz. Sie werden dann auch erkennen, was sich mit ihrem Glauben und dem damit verbundenen Leben vereinbaren läßt und was nicht. Eine gründliche Bibelkenntnis deckt die angeblich christlichen Elemente bei Ende mühelos auf. Es wird sichtbar, daß Gott Magier, Zauberer, Hexen und die Ausrichtung menschlichen Lebens nach ihren Lebensanweisungen ein Greuel ist. Sie werden aber auch sehen, daß Gott ihnen in Jesus Christus die ganze Fülle für ein sinnvolles Leben gegeben hat. Deshalb lautet die Alternative zu Ende – zurück zu Christus und der Bibel. Von hier aus gibt es zahllose Antworten, wie Menschen aus ihren Verstrickungen eigener Selbstsucht und dämonischer Magie frei werden können. Doch der Anfang hierzu liegt in dem Bekenntnis Gott gegenüber, seine Gebote übertreten und gesündigt zu haben.

Die Auseinandersetzung mit dem Autor Michael Ende ließ zweierlei deutlich werden:

1. Die Dämonen und magische Systeme sind in der heutigen Zeit wieder gefragt. Ihre Existenz und Wirksamkeit kann in Endes Büchern gefunden werden.
2. Da, wo Christen aufhören, in Aufrichtigkeit und ganzer Existentialität ihr Sein aus Gott zu leben, bricht die dämonische Wirklichkeit immer stärker in die Wirklichkeit der Menschen ein und nimmt, wo sie nur kann, von dieser Besitz.

Im Zeitbewußtsein des ›New-Age‹ (vgl. Vorwort von U.

Skambraks) ist Michael Ende mit seinen Büchern willkommen. Im Geist dieser Bewegung sind die Erlösungsangebote für leidende und ihr Leben als sinnlos empfindende Menschen der Weg zur eigenen Selbsterkenntnis. Wie Momo und Bast an in den Büchern Endes zeigen, kommt es auf den einzelnen persönlich an. Dieser muß seinen Weg selbst finden. Hat er ihn gefunden und geht er ihn, so soll ihm Erlösung zuteil werden. In der Realität und in Endes Büchern zeigt sich aber schon bald, daß die Autonomie des Menschen nur eine vorgetäuschte ist. In der Umwelt, dem Umfeld des Menschen, stehen Hinweise, Wegweiser, die den Suchenden lenken möchten. Momo folgte der Schildkröte, Bastian wurde von dem Buch des Herrn Koreander angezogen. Wie wir zeigten, lenkt Ende seine Leser durch die Mittel seiner Literaturbeschreibung auf den Weg der Heilung durch phantastische Magie. Wir verdeutlichten, daß dieser Weg ins Reich des Okkultismus und der Abhängigkeit des Menschen von den Mächten dieses Reiches führt. Wir verwiesen darauf, daß ein Zurück auf diesem Weg nur in einer bewußten Sinnesänderung und der damit verbundenen Entscheidung liegt.

Der Erlösung des Menschen von seinen eigenen Mängeln, Leiden, Sünden und seiner Hilflosigkeit ist nur **ein** Weg gegeben. Dieser führt zu Jesus Christus und dem Gott der Bibel. Man kann ihn finden und gehen, wenn man sich für das Angebot Gottes in Jesus Christus entscheidet: »Also hat Gott die Welt geliebt, daß er seinen eingeborenen Sohn gab, auf daß alle, die an ihn glauben, nicht verloren gehen, sondern das ewige Leben haben« (Joh. 3, 16).

Die soeben aufgestellte Behauptung fordert zur Praxis. In der konkreten Lebenserfahrung wird sich bestätigen, ob der Weg Endes oder der Weg Jesu zu einem erfüllten, fröhlichen und sinnvollen Leben führt.

So wird der Leser entlassen mit der Bitte, selbst die in diesem Buch vorgetragenen Argumente und Lebensweisen zu durchdenken und zu überprüfen. Warnung vor dem Angebot Endes und Empfehlung für das Angebot Gottes wurden ausgesprochen. Es bleibt zu wünschen, daß das vorliegende Buch Leser findet, die an der Ernsthaftigkeit existentieller Lebensentscheidungen nicht vorübergehen.

»Wohl dem, der nicht wandelt im Rat der Gottlosen, noch tritt auf den Weg der Sünder, noch sitzt, wo die Spötter sitzen, sondern hat Lust am Gesetz des Herrn und sinnt über seinem Gesetz Tag und Nacht!

Der ist wie ein Baum, gepflanzt an den Wasserbächen, der seine Frucht bringt zu seiner Zeit, und seine Blätter verwelken nicht. Und was er macht, das gerät wohl.

Aber so sind die Gottlosen nicht, sondern wie Spreu, die der Wind verstreut.

Darum bestehen die Gottlosen nicht im Gericht noch die Sünder in der Gemeinde der Gerechten.

Denn der Herr geht den Weg der Gerechten, aber der Gottlosen Weg vergeht« (Ps. 1).

Anmerkungen

Vorwort

1 Pack's!, Nr. 2, 1983, S. 9.
2 Vgl. Hans-Jürgen Ruppert, New Age, Endzeit oder Wendezeit?, Wiesbaden 1985.
3 Vgl. Roger N. Walsh, Frances Vaughan, (Hrsg.), Psychologie in der Wende, Bern/München/Wien 1985

Einleitung

4 ›Aktuell‹, das Lexikon der Gegenwart, Dortmund 1984, schreibt auf S. 874, daß Endes »Bücher ›Momo‹ und ›Die unendliche Geschichte‹ (. . .) zu den erfolgreichsten deutschen Romanen nach 1945 gehören und als Kultbücher der Ökologie- und Friedensbewegung gelten«.

I. Das Labyrinth des Lebens

5 Hansjörg Weitbrecht u. a., Michael Ende zum 50. Geburtstag, Stuttgart 1979, S. 72.
6 Unter Einhorn ist ein aus dem Orient stammendes Fabeltier angesprochen, das ziegen- oder pferdeähnlich ein langes Horn in der Mitte seiner Stirn trägt. Es geht von diesem die Sage, daß es nur im Schoße einer Jungfrau Schlaf finden könne, womit es zum Symbol der Keuschheit und zum Attribut der Jungfrau Maria wurde.
7 Erhardt Eppler, Michael Ende, Hanne Tächl, Phantasie, Kultur, Politik. Protokoll eines Gesprächs, Stuttgart 1982, S. 58.
8 Gleichlautender Titel (wie Anm. 5).
9 Ebd. S. 65ff.; ferner: Michael Ende, Der Spiegel im Spiegel, Stuttgart 1984, S. 223ff.
10 Der so dargestellte Pagad, mit dem sich Michael Ende identifiziert, wird nach Auskunft des ›Lexikon der Symbole‹, Hrsg.: Bauer, Dümotz, Golowin, Wiesbaden, auf Seite 345 folgendermaßen verstanden: »Der Gaukler oder Magier bedeutet damit, nach ziemlich übereinstimmenden Deutungen, den Menschen, der das Gleichgewicht in sich gefunden hat und der dann mühelos in der Mitte seiner Welt steht (›Auf dem Jahrmarkt‹ oder sogar ›auf dem Berg‹). Die linke und die rechte Hälfte seines Kleides bilden, was Farben und Schmuck angeht, Gegensätze, diese belasten ihn aber nicht: Wie die 8 an seinem Zauberhut zeigt, hat er die göttliche Einheit der Welt, das Gute in (oder hinter) allen scheinbar entgegengesetzten,

miteinander streitenden Kräften erkannt. Er ist also nicht mehr ›einseitig‹, blind auf einem Auge. Er sieht das Gute, das Recht auf beiden Seiten, kann die Farben und Wappen der miteinander kämpfenden Parteien an seinem Rock tragen und damit mit den Menschen auf beiden Seiten reden.«

11 Dieter E. Zimmer, Der Mann, der unserer Zeit die Mythen schreibt, in: Zeitmagazin Nr. 24 vom 5. Juli 1981, S. 46.

12 Michael Ende, Mein Lesebuch, Frankfurt am Main [2]1984, S. 2

13 Ebd. S. 12.

14 Ebd. S. 13.

15 Der Begriff der ASW entwickelte sich begriffsgeschichtlich aus dem des Okkultismus. Dieser wurde 1886 von Max Dessoir abgelöst und wissenschaftlich in den der Parapsychologie unbenannt. Heute spricht man in Abkürzung von ASW, meint damit aber okkulte Phänomene.

16 Rudolf Steiner, Briefe I, Dornach 1955, S. 10.

17 Friedrich Rittelmeyer, Meine Lebensbegegnung mit Rudolf Steiner, Urachhaus/Stuttgart 1970, S. 95f.

18 Vera Pierott, Anthroposophie – eine Alternative?, Neuhausen-Stuttgart 1982, S. 193f.

19 Wolfgang Reif, Exotismus und Okkultismus, in: Horst Albert Glaser, (Hrsg.), Deutsche Literatur. Eine Sozialgeschichte, Bd. 9, Reinbek bei Hamburg 1983, S. 155ff.

20 Max Seiling, Goethe und der Materialismus, Leipzig 1904, S. 80ff.

21 Renate Schostack berichtet über Blixen in einem Aufsatz vom 13. April 1985 in der FAZ, mit dem Titel: ›Gefallener Engel, geflügelte Löwin‹, »wie sie (Blixen, der Verf.), nachdem sie allen Freuden des Fleisches abgeschworen habe, mit dem Teufel einen Bund eingegangen sei. Sie habe dem Satan gegen die Gabe, Geschichten zu erzählen, ihre Seele versprochen«.

22 Max Dessoir, Vom Jenseits der Seele, Stuttgart [6]1967, S. 373.

II. ›Momo‹

23 Michael Ende, Momo, Stuttgart 1973, S. 9.

24 Ebd. S. 15.

25 Ebd. S. 14.

26 Ebd. S. 119.

27 Ebd. S. 20.

28 Ebd. S. 21.

29 Ebd. S. 265.

30 Vgl. Die Gemeinde, Nr. 14, 1984; Pack's!, Nr. 2, 1983.

31 Ende (wie Anm. 23) S. 57.

32 Ebd. S. 58.

33 Ebd. S. 96f.

34 Ebd. S. 118f.

35 Die Wirkung der Existenzverneinung, des Nichts, ist schon von Homer in seiner ›Odyssee‹ deutlich geschildert worden. Als Odysseus mit dem Zyklopen zusammentrifft und dieser ihn nach seinem Namen fragt, antwortet er: ›Niemand hat dich geblendet!‹. Damit ist der Zyklop in der Falle. Als seine ›Stammesgenossen‹ fragen, wer ihm denn solches Leid angetan habe, antwortet er ihnen: ›Niemand!‹. Die Zyklopen lachen. Der Leser ist jedoch schlauer. Er weiß, daß sich hinter ›Niemand‹ Odysseus verbirgt. (IX, 360ff.).

Analog geht es in der ›Momo‹ mit den grauen Herren, wenn es von ihnen heißt: ›sind nichts‹ und gehen ›ins Nichts zurück‹. Dasselbe kommt in der ›Unendlichen Geschichte‹ vor: bezogen auf das Nichts generell, wohinter sich die Existenz der Finsternis Satans verbirgt und konkret im Handlungsverlauf, als Atréju sich dem Werwolf gegenüber als ›Niemand‹ vorstellt (Michael Ende, Die unendliche Geschichte, Stuttgart 1979, S. 139).

36 H bedeutet im Hebräischen Chet, was der Kabbalistik entsprechend Verteilung bedeutet. O kann wie M gelesen werden, wenn man die kabbalistische Ersatzmethode, das Atbasch, anwendet. M bedeutet Mem, was wiederum Tod bedeutet. R ist dagegen identisch mit dem Hebräischen Resch, was kabbalistisch gewendet Dankbarkeit heißt. Schließlich rundet das A, als letzter Buchstabe des Wortes Hora, die Bedeutung zu Aleph, mit seinem kabbalistischen Sinn für Vater ab. Damit erscheint das Wort H o r a als Chet – Mem – Resch – Aleph, was ins Deutsche übersetzt, kabbalistisch gedeutet, Verteilung – Tod – Dankbarkeit – Vater heißt. Damit ist Hora als der Vater Tod ausgewiesen, der die Lebenszeit der Menschen verteilt, wofür diese ihm dankbar sein sollen.

37 Vgl. Ende (wie Anm. 23), S. 152f.

38 Ebd., S. 160.

39 Ebd., S. 160ff.

40 Vgl. ebd. S. 75.

41 Ebd. S. 164ff.

42 Hermann Hesse, Lektüre für Minuten, Frankfurt am Main 1975, S. 140.

43 Ende (wie Anm. 23) S. 160.

44 Ebd. S. 57.

45 Frei nach der Momointerpretation des Verfassers.

III. ›Die unendliche Geschichte‹

46 Michael Ende, Die unendliche Geschichte, Stuttgart 1979, S. 10.

47 Ebd. S. 109.

48 Ebd.

49 Franz Kreuzer, Zeit-Zauber, Wien 1984, S. 94f.

50 Ende (wie Anm. 46) S. 10.

51 Ebd.

52 Ebd. S. 11.

53 Ebd. S. 30.

54 Ebd. S. 25.

55 Ebd. S. 57.

56 Ebd. S. 160.

57 Ebd. S. 314.
58 Ebd. S. 69.
59 Ebd. S. 91.
60 Ebd. S. 95.
61 Ebd. S. 199.
62 Francois Rabelais, Gargantua und Pantagruel, 1532, Bd. 1, Frankfurt [3]1979, S. 170ff.
63 Horst E. Miers, Lexikon des Geheimwissens, München [5]1982, S. 99.
64 Erich Rammerskirch, Ein christliches Märchen? ›Die unendliche Geschichte‹ von Michael Ende, in: Christ in der Gegenwart, 36. Jahrgang, Nr. 51 vom 16. 12. 1984, S. 421.
65 Exkurs zum Märchen und seinen okkulten Implikationen: Wie sich in den Büchern von Ende zeigte, wird das Märchenhafte in ihnen durch einschlägige Kenntnis als getarnter Okkultismus aufgedeckt. Interessant ist hierbei, daß die Märchen sich für diese Absicht als literarische Form gut eignet. Sollten sie vielleicht nicht nur eine brauchbare Form für okkulten Inhalt, sondern mit diesem vielleicht identisch sein?
Märchen wie ›Schneewittchen‹ und ›Rumpelstielzchen‹ zeigen auf ihre Weise, daß die Märchen nur ein Zauberspiel des okkulten und magischen Lebens sind. Im ›Schneewittchen‹ ist das ›Spieglein, Spieglein an der Wand‹ ein Requisit von weißer und schwarzer Magie, die in dieser Form bis zur Kristallschau heutiger Tage reicht.
In dem Märchen vom Rumpelstilzchen wird von der schönen Müllerstochter erzählt, die in der Kunst bewandert ist, Stroh in Gold zu verwandeln. Dafür muß sie einem Wichtelmann zuerst ihr Halsband ausliefern, dann den Ring an ihrer Hand. Königin wird sie schließlich nur um den Preis des ersten Kindes, das ihr der König schenken wird und das sie dem Männchen versprechen muß. Ihr eigenes Blut, in welchem man in früheren Zeiten den Sitz der Seele erblickte, muß sie also hergeben zur Erwerbung von Zauberkräften. Wem man aber sein Blut gibt, dem gibt man damit auch seine Seele.
Es ist hier nicht der Ort, ausführlich auf die literarische Form der Märchen einzugehen und zu überprüfen, inwiefern sie mit Magie verbunden sind. Die beiden Beispiele mögen den Leser anregen, seinen eigenen Märchenschatz auf diese Hintergründe hin zu durchleuchten. Er wird bei einiger Aufklärung über okkulte Systeme und Symbole viele entdecken.
Peter Ringger schreibt in seinem Buch ›Parapsychologie‹, Zürich 1972, daß Volksmärchen nur auf der Grundlage und aus dem Geiste der ›Magie‹ und des Zaubers verstehbar seien. ». . . der (. . .) nicht nur den menschlichen Gedanken (in Form der Telepathie) Flügel verleiht, sondern alles in allem in Verbindung bringt, der dem Tier, aber auch der Blume und dem Stein Sprache verleiht oder vielmehr den Menschen die Sprache von Tier, Blume und Stein verstehen läßt. Im Märchen ist der Mensch in die Natur, aber auch in die Übernatur eingebettet. Er steht in dauernder Verbindung mit der ›Geisterwelt‹, die sich jedoch nicht durch ein ›Geistergrau‹ von der natürlichen Welt abhebt. Sie bildet mit dieser zusammen einen einheitlichen, von guten und bösen Mächten durchwirkten Kosmos. Es sind hauptsächlich Waldgeister (in den europäischen Märchen wenigstens),

Feen, Elfen, Zwerge, Hexen, aber auch der Teufel, die dem Menschen im Märchen als Sendboten überirdischer Mächte zu schaffen machen«, (S. 17).

IV. ›Der Spiegel im Spiegel‹

66 Vgl. Der Spiegel, Nr. 14, 1984, Mondenkind Luzifer.
67 Michael Ende, Der Spiegel im Spiegel, Stuttgart 1984, S. 64.
68 Ebd. S. 15.
69 Ebd. S. 50f.
70 Ebd. S. 82.
71 Ebd. S. 80f.
72 Ebd. S. 88f.
73 Ebd. S. 91f.

V. Michael Ende – Irreführung statt Erlösung

74 Lippische Rundschau, vom 14. 12. 1984.
75 Wulf Wallrabenstein, Mein Spiel- und Bastelbuch zum Film die unendliche Geschichte, München 1984.
76 Willem J. Ouweneel, Okkultismus und östliche Mystik, Berneck 1985, S. 14.
77 Michael Ende, in: Kreuzer (wie Anm. 49) S. 11.
78 Ebd. S. 12f.
79 Zullinger, Umgang mit dem kindlichen Gewissen, Frankfurt am Main – Hamburg 1970, S. 310.
80 Jens Malte Fischer, Deutschsprachige Phantastik zwischen Dećadence und Faschismus, in: Phaicon 3, Frankfurt am Main 1978, S. 94.
81 Gerhard Hass (Hrsg.), Kinder- und Jugendliteratur, Stuttgart 1984, S. 269.

Weiterführende Literatur

Horst Afflerbach, Die sanfte Umdeutung des Evangeliums. Eine biblische Analyse des neuen Bewußtseins, Wuppertal 1987

Ulrich Bäumer, Wir wollen nur deine Seele, Bielefeld 1984

Jan Badewien, Anthroposophie, Konstanz 1985.

Klaus Berger, Vergewaltigung der Seele – Sigmund Freud, Berneck 1984

Klaus Berger, Angst verstehen und überwinden, Aßlar 1986
Klaus Berger, New Age – Ausweg oder Irrweg?, Aßlar 2/1987
Werner F. Bonin, Lexikon der Parapsychologie und ihrer Grenzgebiete, Frankfurt am Main 1981
Manfred Bönig, Im Bannkreis dämonischer Mächte. Wege zur Befreiung, Wuppertal 1987
Peter Brügge, Die Anthroposophen, Reinbek bei Hamburg 1984
Constance Cumbey, Die sanfte Verführung, Aßlar 6/1987
Marilyn Ferguson, Die sanfte Verschwörung, dtsch., Basel 1982.
Marie-Louise von Franz, Der Schatten und das Böse im Märchen, Müchen 1985
Lothar Gassman, New Age. Kommt die Welteinheitsreligion?, Bad Liebenzell 1987
Sergius Golowin, Die Welt des Tarot, Basel 1975
Hansjörg Hemminger (Hrsg.), Die Rückkehr der Zauberer. New Age – eine Kritik, Reinbek bei Hamburg 1987
Kurt Hutten, Seher, Grübler, Enthusiasten, Stuttgart ²1982
Kurt E. Koch, Seelsorge und Okkultismus, Berghausen bei Karlsruhe 1985
Reinhard König, New Age. Geheime Gehirnwäsche. Wie man uns heute für morgen programmiert, Neuhausen-Stuttgart 4/1987
Richard Kriese, Okkultismus im Angriff, Neuhausen-Stuttgart ²1984
Manfred Lube, Gustav Meyrink – Beiträge zur Biographie und Studien zu seiner Kunsttheorie, Graz 1980
Pat Means, Im Irrgarten östlicher Mystik, Neuhausen-Stuttgart 1979
Paul Müller, Die unsichtbare Welt, Neuhausen-Stuttgart 1968
Walter Nitsche, Benedikt Peters, Dämonische Verstrickungen – Biblische Befreiung, Berneck 1987
Walter Nitsche, Magie im modernen Kleid, Berneck 1984
José Pierre, Lexikon des Surrealismus, Köln 1976
Ernst Pöppel, Grenzen des Bewußtseins. Über Wirklichkeit und Welterfahrung, Stuttgart 1985
Wim Rietkerk, Anfragen an die Realität Gottes, Berneck 1985.
Hans Rohrbach, Unsichtbare Mächte und die Macht Jesu, Wuppertal ³1985
Theodore Roszak, Das unvollendete Tier, dtsch., München 1972.
Lutz Röhrich, Sage und Märchen, Erzählforschung heute, Freiburg im Breisgau 1976
Hans-Jürgen Ruppert, Die Hexen kommen. Magie und Hexenglaube heute, Wiesbaden 1987
Hans-Jürgen Ruppert, New Age. Endzeit oder Wendezeit?, Wiesbaden 1985
Susanne Schaup, Wo Leben wieder menschlich wird. An der Schwelle des New Age – Alternatives Leben in Amerika, Freiburg im Breisgau 1985.
Walter J. Schraml, Einführung in die moderne Entwicklungspsychologie für Pädagogen und Sozialpädagogen, Frankfurt am Main/Berlin/Wien 1980
Ulrich Skambraks, Vorsicht Geistheilung! Was die Wunderheiler verschweigen, Aßlar 2/1987
F. LaGard Smith, Tanz ins Dunkel, (dtsch.) Weichs 1987
Helge Stadelman, Das Okkulte, Gießen ²1984

Wolfgang Bühne

Sehnsucht der Betrogenen

TELOS-Taschenbuch
128 Seiten, DM 2.80

Getrieben von einer tiefen Sehnsucht nach Lebenserfüllung und vom Hunger nach Liebe und echtem Frieden, stiegen fünf junge Menschen aus, um der grauen Alltagswirklichkeit zu entfliehen:

Benedikt reiste nach Indien, mietete am Fuß des Himalaja ein Haus und schien, mit reichlich Geld und Drogen versorgt, zunächst am Ziel seiner Träume zu sein;

Hans setzte sich Hals über Kopf nach Spanien ab, nachdem er über Nacht seine begüterte Oma „ausgenommen" hatte, und versuchte an den sonnigen Stränden des Mittelmeeres das Leben in vollen Zügen zu genießen;

Antonio versuchte es bei den Neo-Nazis, sympathisierte mit der „Wehrsportgruppe Hoffmann" und landete schließlich bei den „Punks";

Susanne war vom Ehrgeiz gepackt und trainierte nicht nur Judo und Karate, sondern auch Bach und Beethoven, bis sie bereits als Jugendliche Klavierkonzerte geben konnte, aber trotz der Karriere Erfüllung in Selbsterfahrungsgruppen suchte;

Franz hatte seine Seele der Droge verkauft, geriet als „Junkie" in einen Strudel von Verbrechen und pendelte jahrelang zwischen „Freiheit", Knast und Psychiatrie;

sie alle – betrogen von den Lebensphilosophien dieser Zeit – erlebten, wie ihre Träume und Sehnsüchte auf ganz unerwartete Weise mehr als erfüllt wurden.